JPC
HK

# 愛她想她寫她

主編　鄭政恆

# 愛她想她寫她（代序）

鄭政恆

陳寶珠是六十年代香港粵語片的大明星，本書「電影篇」的文章追蹤了陳寶珠的多重銀幕形象，包括廣東新女性、童星、孝女、女飛俠、女殺手、青春玉女、少年俠士、封建社會犧牲者、工廠妹等等，十分全面。

追本溯源到一九六六年，影評人羅卡在《中國學生周報》發表文章〈陳寶珠：廣東新女性形象〉，在羅卡眼中，陳寶珠是獨立於男性中心社會的進步新女性，因時勢而變，跟過去粵語片中的女性形象不同了，但同時又保留了廣東人傳統習氣，自足而保守。陳寶珠一直是革新與傳統之間的居中人物，也理所當然兩面討好。

張建德是新加坡南洋理工大學黃金輝傳播與信息學院副教授，他的〈兩面的時代：粵語片與精神分裂的六十年代〉，宏觀討論六十年代粵語片，如何展現孝道與叛逆這兩大主題，本書節錄文章的前半部份，集中觀察電影《孝女珠珠》（一九六六）和《長髮姑娘》（一九六七）中，陳寶珠的孝女形象如何建立，又如何在《姑娘十八一朵花》（一九六六）中邁向獨立，甚至在後來的電影《莫負青春》（一九六七）中喪失了責任感。

香港電影資料館節目策劃傅慧儀的〈陳寶珠的電影形象〉，是目前討論陳寶珠銀幕形象最全面的文章之一，她回顧了陳寶珠的從影歷程，追源溯始至童角時期，下開古裝少俠、女飛俠、女殺手和青春玉女等形象。

文化評論人洛楓的〈性別的感光片——論陳寶珠的「少年俠士」風貌〉，原載《游離色相：香港電影的女扮男裝》（香港三聯書店，二〇一六）。洛楓活用她擅長的文化、電影和性別理論，審視陳寶珠的反串演出，以及作為少年俠士的成長進程。洛楓游走於陳烈品執導的《六指琴魔》（一九六五）和《天劍絕刀》（一九六七—一九六八）等膾炙人口的佳作，她筆下的陳寶珠，正是青春新世代的改革力量。洛楓的討論並不囿限於武俠片，但毫無疑問，陳寶珠的反串演出，還是少俠最有神采，《天劍絕刀》中的左少白英姿煥發，最教人擊節欣賞。

資深影評人蒲鋒是香港武俠片的專家，而他為本書撰寫的長文〈談陳寶珠文藝片〉，卻是「棄武從文」。蒲鋒從陳寶珠的純良孝女、女殺手、工廠妹、青春女子等形象之外另闢蹊徑，帶來新的觀察。蒲鋒從深受小仲馬（Alexandre Dumas, fils）名著《茶花女》（*La Dame aux Camélias*, 1848）影響的文藝片傳統出發，在《愛他、想他、恨她》（一九六八）和《青春玫瑰》（一九六八）中找到茶花女式自我犧牲的女性形象，又在《旺財嫂》（一九六七）和《小媳婦》（一九六七）中找到文藝片常見的封建社會犧牲者形象。而蒲鋒也跟張建德一樣，對照蕭芳芳和陳寶珠的形象，突顯新與舊的分野。

蘇耀昌為基層大學創辦人，也曾在街坊工友服務處工作多年，他的〈工廠妹萬歲——從陳寶珠電影看香港工人身份的形成〉一文，顧名思義，文章追溯香港工人集體身份的形成，也着墨於陳寶珠電影中的女工形象，在《影迷公主》（一九六六）、《青春玫瑰》（一九六八）、《郎如春日風》（一九六九）三部陳寶珠飾演女工的電影中，選取了《郎如春日風》為焦點，觀察她的工廠妹形象，本文別具社會現實關懷，不容忽視。

由於陳寶珠飾演了多部青春歌舞片，而她的代表作《彩色青春》（一九六六），也在二〇一一年由香港電影資料館推出修復版DVD，因此本書特別收錄資深音樂評論人黃志華的四篇樂評文章，其中三篇分別討論《彩色青春》的主題曲和插曲〈莫負青春〉、〈趁青年好行樂〉，教我們更深一層了解《彩色青春》的精彩歌曲。

除了陳寶珠的多重銀幕形象，以及電影歌曲樂評，本書的「舞台篇」討論一九九九年陳寶珠重返演藝界後，多篇關於舞台劇、音樂劇和粵劇演出的文章。

資深評論人石琪從《劍雪浮生》（一九九九）開始關注陳寶珠的舞台演出，也寫過粵劇《再世紅梅記》（二〇一四）的評論。專欄作家鄧達智關心《劍雪浮生》和《陳寶珠與香港中樂團音樂會》的演出以外，也道出陳寶珠的形象變化，筆下有情。戲劇演員梵谷（吳偉碩）帶我們的視野從《劍雪浮生》轉移到音樂劇《天之驕子》（二〇〇六）的演出，他不單觀察陳寶珠的功架，也看整體的演出。

資深傳媒人張結鳳曾出版《舞台偶像：從陳寶珠到陳寶珠》（集賢社，二〇〇一）一書，從學術角度討論《劍雪浮生》和《煙雨紅船》（二〇〇〇）掀起的後現代懷舊浪潮，以及陳寶珠的「陰陽同體」形象。她對陳寶珠不離不棄，自《舞台偶像》一書出版後，持續關注她的粵劇演出，由《紅樓夢》（二〇一二）、《再世紅梅記》一路到《牡丹亭驚夢》（二〇一六），都撰文剖析，本書也將這批粵劇評論全部收錄。

散文作家黃秀蓮也是粵劇愛好者，她集中討論二〇一四年任白慈善基金會製作的《再世紅梅記》，文中這一段寫得維妙維肖，容許我抄錄如下：「事業巔峰原來不在寶珠芳芳爭霸時，而在回歸粵劇，回到師傅任姐懷抱之日。其唱腔、身段、做手、功架，形神俱妙，境界造詣遠遠在龍劍笙之上；更難得者，是任姐唸白時，尾音韻味天成，那晚聽寶珠唸白，有兩回心頭一顫，以為是任姐再世記。」

本書「訪談篇」的文章，有陳寶珠的真情剖白，訪問者汪曼玲和盧子英等用心記錄，而鄭佩佩和陳寶珠的訪談，也相當珍貴。

最後本書附錄陳寶珠的電影及其他類型的演出目錄，方便查考。再次檢閱陳寶珠自一九五八至一九七二年參與的約莫二百五十部電影，彷彿又帶我們重回變遷中的六十年代，再世浮生，恍如一夢。

目錄



## 電影篇

# 舞台篇

## 訪談篇

# 第一章——電影篇

陳寶珠的電影形象

兩面的時代：粵語片與精神分裂的六十年代（節錄）

陳寶珠：廣東新女性形象

性別的感光片——論陳寶珠的「少年俠士」風貌

談陳寶珠文藝片

工廠妹萬歲——從陳寶珠電影看香港工人身份的形成

陳寶珠好年華

電影《彩色青春》主題曲初研

陳寶珠《彩色青春》插曲〈莫負青春〉與〈西班牙進行曲〉

具歷史意義的原創歌曲

# 陳寶珠的電影形象

傅慧儀

陳寶珠所經歷的銀幕世界，橫跨一九五八至一九七二年間，剛好在她十一至二十五歲之間。香港在這段期間正值戰後的穩定期，南來的難民潮開始扎根香港，百業待興，日趨繁榮，工廠林立，外貿頻繁，經濟迅速發展。而由於自由港的開放政策，香港正安然穩步邁向國際大都會，電影業亦非常蓬勃，國、粵片的電影製作公司紛紛出爐，娛樂事業蒸蒸日上。陳寶珠和香港的嬰兒潮一起成長，她由從影到退出銀幕，只短短十一二年，拍片卻超過二百多部，最高峰的一九六五至一九六七年，每年平均拍攝三十五部片，亦即是差不多每個月都有三部陳寶珠的新片上畫，而且大部份是擔演主角或第二女主角。陳寶珠九歲開始學戲，十一歲開始拍電影，十三歲拜任劍輝為師，唱做唸打日益猛進，十七歲成為萬眾愛戴的「影迷公主」，成就我城的佳話。以下試從陳寶珠的從影歷程，嘗試分析她在銀幕上最成功的幾個形象。

## 女扮男裝始於童角

陳寶珠固然是以偶像明星著稱，但她的成功絕不是光靠貌美和青春外表而來的。「紅褲仔」出身的她，師承著名刀馬旦粉菊花，童年是和無數學京劇的孩子一起長大的。這幫孩子不光演得打得，唸得唱得，更是捱得多，苦得起！

寶珠天天練功，默默耕耘，基本上和出色的文武生、刀馬旦有同樣的底子。加上天姿秀麗，關目凌厲，是天賜的福慧兩全，所以自小便被影藝界收納為可造之才。

寶珠的「反串」其實始自九歲學戲之時。其養父陳非儂乃三十年代成名的男花旦，又是著名的教戲師傅，認為寶珠聲底不適合學花旦戲，而把她送去學京劇北派武行，孰不知

寶珠從小已經開始學戲。

粉菊花一見寶珠，便認為她是「反串男生」絕佳人選。寶珠憶述當年只學了九個月，便可登台演出《白水灘》。1 早期和她一起跟粉菊花學藝的還有陳好逑、蕭芳芳、梁寶珠、文蘭、沈芝華、楊盼盼、李琳琳、董瑋等。

有兩部電影，難得地把這個年代學戲的一些基本面貌紀錄下來，一是由粉菊花親自出馬，帶領眾徒兒們演出的《大戰泗洲城》（一九六二），可見一群小藝人耍刀劍，翻筋斗、馬蕩子和拆招比劍的基本功；另一部是《孝女珠珠》（一九六六），此片由林家聲充當粵劇武行指導，而導演秦晚濤很注重實景拍攝，把六十年代流行的「荔園」遊藝表演場地和大會堂劇院等舞台演出狀況都記錄了下來。而片中靚次伯扮演嚴厲、苛刻的粵劇師傅，在唐樓天台教戲。排演時林家聲和陳寶珠合演了幾場折子戲，包括關公排場、楊宗保和穆桂英對搏沙場等，直是當年她們學戲日日夜夜練武練唱的寫照。

當童角的陳寶珠，明顯是演男角比女角優秀的，例如在《童軍教練》（一九五九）中穿起小狼隊的裝束，便英氣十足，比其他男孩更俊俏，非常上鏡。她一嘟嘴，眼睛一骨碌，唔，有計嘞！即使擠眉弄眼、扮鬼臉、得戚巴巴閉，你也不會相信她是奸的。

憑這張十二歲的「女生男相」臉龐，已經可以看到多年後令她星運亨通的三大要素：英氣迫人的一雙關目、微微嘟起嘴的鬼馬「吻唔切」模樣，和扮演苦命兒時那帶諒解和堅定的眼神！

## 古裝少俠融會戲曲功架

除了天時、地利，寶珠亦盡得人和，年僅十三歲的年紀，便被任劍輝任姐收為徒弟，自此更和任姐合演過多部古裝歌唱電影，如《教子逆君皇》（一九六〇）、《天倫鏡》（一九六〇）、《千里送皇姑》（一九六二）等等。雖然扮演的童角往往是頭半部片還未出世或未長大的兒子，但後半部總會有頗重要的戲份，顯見導演都對她特別青睞。陳寶珠在六十年代的粵片中或演氣宇軒昂的太子、或演文武雙全的小英雄、或演反串男裝的小藝人，都頭頭是道，功架十足。

到她十六歲那年，已被不少電影公司的老闆看中擔演少俠，計有港僑公司康毅導演的《劍俠金縷衣》兩集（一九六三）、得利公司凌雲導演的《劍神傳》（與蕭芳合演，一九六三）、仙鶴港聯公司康毅導演的《仙鶴神針新傳》兩集（一九六三），再有陳烈品的《碧血金釵》兩集（一九六四）和《六指琴魔》三集（一九六五）等，奠定了反映年輕一代破格而獨立的俠士形象。

《無敵天書（上、下集）》，1965 年。

到拍攝《六指琴魔》系列時，陳寶珠已屆十八之年，眉清目秀，臉相表情更勝少年。經過武術指導的鍛練，武打動作更見多元，這種源自京劇雜耍的龍虎武師表演藝術，經改造變化而套用於武俠電影後，自成系統[2]，而陳在演繹時充份利用她在戲曲所學的眼神做手，配搭起來自然相得益彰。

這個時期的粵語武俠片是非常有趣的，一方面承接傳統的神怪武俠片橋段，另一方面由於觀眾群漸漸移向熱愛新潮的年輕一代，舊派武俠、神怪甚至動作美學，以及所承載的舊道德觀，都面臨新的挑戰，正蠢蠢欲動尋求變更。陳寶珠正好身處這個蛻變期，亦由於她的少俠形象，游走傳統和現代的可塑性強，正中武俠電影求變革、講創意的新一浪。[3]

隨着六十年代的時潮，我們很快便在仙鶴港聯的年輕俠士世界中找到新一批可人兒，計有承載冷傲的雪妮、倔強的曾江，和代表正義和反傳統的寶珠姐！

## 女殺手、邦女郎和影迷公主

由少俠的形象，陳寶珠很容易便過渡到時裝片的女飛俠形象。在這裏不得不提楚原導演的慧眼和開創精神，他於一九六四年首度在《情海幽蘭》起用陳寶珠，演一個大家庭內的四小姐，嘴刁又頑劣，一改過去的銀幕形象，亦首次把寶珠漂亮、清爽、出落大方的玉女形象示人。楚原本來就是很會說故事的導演，亦勇於開拓青春浪漫的電影文藝嘗試。之後的兩年間，楚原繼續從西方類型片取經，開拓有希治閣奇情味道的《黑玫瑰》系列（一九六五－一九六六）。

在《黑玫瑰》中，南紅與陳寶珠演一對年輕貌美的俠盜姊妹花，晚間易服作劫富濟貧的勾當，卻被演私家偵探的型男謝賢埋身阻撓。經過一輪交手後，型男甘拜下風，反過來自問「為什麼偏偏我是偵探而她是賊呢？」這部黑玫瑰雖然以南紅為主角，當妹妹的寶珠以活潑爽朗的形象當第二女主角，但到莫康時導演的《女殺手》（一九六六）時，她已躍升為第一女主角，扮演機智聰明，與黑幫對壘的女殺手。

這部《女殺手》非常有趣，似乎有考慮到寶珠姐的形象跨越，在交代女殺手的背景時，刻意插入片段，交代女殺手之前是工廠妹一個，為了防狼而學會一身武功；因樣貌與黑幫頭子單眼蛇的女兒相似而被羅致入黑幫，但在黑幫的世界中，她又會暗中擔當維護正義的「女殺手」。又在黑幫中加入愛上她的譚炳文一角，令這個殺手不太冷；如是者，觀眾很快便接受到這位由「工廠妹」過渡為「玉女」與「女殺手」共存於一身的女性形象。

之前已提過一九六六至一九六九年是陳寶珠銀色世界的巔峰時期，青春玉女與女飛賊、女殺手與邦女郎等特別為她而設的角色形象，令她成為偶像級明星。

正值此時，陳雲和黃堯兩位導演分別開始拍攝載歌載舞的青春愛情歌舞片。在三兩年間，《彩色青春》（陳雲導，一九六六）、《影迷公主》（黃堯導，一九六六）、《姑娘十八一朵花》（黃堯導，一九六六）、《莫負青春》（吳丹導，一九六七）、《金色聖誕夜》（陳雲導，一九六七）、《花月佳期》（黃堯導，一九六七）、《迷人小鳥》（黃堯導，一九六七）、《梅蘭菊竹》（黃堯導，一九六八）等標榜寶珠青春玉女形象的電影紛紛出籠。

在《姑娘十八一朵花》中，孤女寶珠從鄉間到城中投靠奶媽，當上了家庭教師，和富家公子呂奇擦出愛的火花，呂奇卻因愛成妒，不問因由，錯怪嬌娃。寶珠在片中溫柔純淨，又活潑精明，把幾個最討人喜歡的表情演繹得極為出色。而演「妒忌男」的呂奇，亦成功地把傳統電影優柔寡斷、充滿難言之隱的憂鬱小生，過渡到對愛情有一種澎湃（甚至是瘋狂）的追求，這種相對誇張的「奇哥式」演繹，成為一種獨家的演繹。

正是《姑娘十八一朵花》，寶珠十八歲這一年可謂如日中天，拍《影迷公主》時，由於要出動大量「影迷茄喱啡」，在真影迷中招募志工，結果幾日間便收到過萬的應徵者。經過這次登記行動，電影公司統計得寶珠迷有八萬七千多人。自始「寶珠迷」成為一個慣用詞，而這批和寶珠姐年紀相若、一起長大的女性觀眾，亦如影隨形地追隨至今，成為銀

《迷人小鳥》，1967 年。

壇佳話！4

這個聰慧（時或反叛）的玉女與倔強善妒的俊男的配搭，在接續的多部青春片中，不斷變奏加強，如《莫負青春》中，陳寶珠演刁蠻的富家小姐慧冰，而愛上她的則是有志氣的司機之子呂奇，影片中既愛且恨的「奇哥式」演繹，讓寶珠的內在感情演繹得以彰顯，激烈地併發出來，可謂一時絕配！

## 結語

其實要當偶像明星卻又表現低調是非常不容易的，而陳寶珠偏偏就是這種「甘於平凡」，和草根群眾打成一片的「大眾朋友」。很多人都把她的成功歸納於她親切、平和、純潔而又樂天的性格。在五十年後的今天，再試從寶珠姐的電影脈絡中查找，就會發覺她的成功，很大程度是因為她成功地在香港電影史一個重要轉折點，扮演着非常關鍵性的樞紐。她既有幸成為傳統曲藝世界的接班人，亦在粵片渴求革新的年代，為業界提供非常可塑的一個少女真身，於是順理成章，成為少俠、玉女、邦女郎、貓女郎和青春偶像的化身。5陳寶珠既和粵語片界有千絲萬縷的關係，亦和影迷編織成一張細水長流的情網。

今日再評價她在港片的地位，可以說，陳寶珠是貨真價實的香港製造，而她留給我們的二百多部電影，亦充滿港產特色，是我城的重要文化寶藏。

## 註

1 香港電影資料館口述歷史：訪問陳寶珠女士，一九九八年十二月十八日，於香港麗思卡爾頓酒店。

2 同上。陳寶珠在訪問中提到，她和蕭芳芳在接拍古裝或時裝動作片時，都會跟導演和老闆要求，指定起用劉家良和唐佳當他們的武術指導。

3 洛楓在《游離色相》一書中第四章〈性別的感光片——論陳寶珠的「少年俠士」風貌〉裏，就陳寶珠「雌」「雄」兩性共處一身的呈現，有具體的分析。

4 《陳寶珠電影雜誌》，陳寶珠電影雜誌編委會，一九九六年，頁一六。

5 張建德在《躁動的一代：六十年代粵片新星》中的文章〈兩面的時代：粵語片與精神分裂的六十年代〉對粵片的傳統價值觀，如何對比六十年代的反叛意識，作出了詳盡的解構分析。

# 兩面的時代：粵語片與精神分裂的六十年代（節錄）

張建德

## 躁動不安的歲月

六十年代或許是粵語片最受誤解的時代。那個年代，經濟急劇發展，在大戰期間和戰後出生的一代已長大成人。這些經濟和社會狀況已在當時的電影中反映出來。電影的氣氛容或大致上是樂觀的，不過年輕一代的心靈已在孕育一份焦灼的情緒。

李晨風的《人海孤鴻》（一九六〇）充份捕捉到這份情緒，在片中李小龍飾演一個少年扒手，孤兒院院長吳楚帆將他從感化院接至孤兒院，循循善誘，令李小龍改過自新，後來發現他原來是自己失散了的兒子。李小龍改過得力於吳楚帆的慈父形象，而他的犯罪生涯卻源於受到身為匪幫頭子的養父的不良引導。電影假定了李小龍所飾演的青少年會成長為負責任的成年人，而他焦灼的靈魂則因養育自己一代的善心和諒解撫慰而平伏下來。

不過，隨着六十年代繼續發展，電影所描繪的年輕一代似乎已無法平靜下來。他們躁動不安、渴望冒險，但又遭恐懼感包圍、被父母家庭遺棄，以及不遵守法紀。當然，影片中的年輕人也表現出樂觀、獨立和具有責任感的一面，不過這些品質被視為異行，而不是優點。這些新一代主人翁的腦海中，似乎充滿着某種形式的精神分裂；他們以微笑面對世界，但是背後總是隱藏着恐懼。那就像《人海孤鴻》中李小龍的角色，無法忘記自己的過去，養父會找到他的危險一直存在。六十年代的電影指出，年輕一代的恐懼和他們躁動不安的原因，可溯源於父親形象的權威。

珠璣的《母愛》（一九六一）所處理的主題有部份跟《人海孤鴻》相同，不過卻從女性的觀點出發。過氣上海巨星胡蝶在片中飾演一個寡婦（一個說粵語的角色），蕭芳芳是她的幼女。胡蝶要努力謀生養活自己和幼女，因為她不能依靠另外幾個子女：長子前往外國，相信在一次沉船意外中遇難；次子娶了一個富家女，但卻是不孝子，將母親和妹妹趕走；三女和四子都生活拮据，對母親愛莫能助。

年輕的蕭芳芳有幾場甚具感染力的演出，當看到母親因兒子不孝而遭受侮辱時，她表現出徹底的絕望——實際上是恐懼。她對母親完全倚賴，令她每次眼見母親受苦，都加深了自己的痛苦和絕望——例如在母親為阻止兒子畏妻，而挽救他免受妻子侮辱的一場（胡蝶承認偷了媳婦的珠寶，而事實上那竊賊是她兒子）。

這齣電影有儒家式的團圓結局，以長子回來（他原來並沒有溺斃），令母親的生活不致更為困苦，重新肯定傳統的孝道。而準媳婦一段對忠誠和愛情的宣言，更凸顯母親獲得了全面勝利。導演珠璣以五十年代的教化形式來處理文藝倫理劇：角色大聲自言自語，以表達自己的內在動機（一種點出某個角色道德腐敗的教化手法）。像《人海孤鴻》和《母愛》這樣的電影承襲了五十年代的舊式格局——強調傳統價值的力量和教化主義，這是粵語片在整個五十年代的特色。秉承教化傳統，年輕一代必須接受培育和引導；年長一代則要作為德行和承受苦楚的模範；而不孝就是罪孽。

孝道這主題與年輕人的叛逆這反面主題，在整個六十年代一直盛行。最初，粵語片的教化傳統將社會尊崇長輩的觀念在電影中反映；換句話說，年輕人必須有孝心，不孝一定要受到懲罰或被社會鄙視譴責。在成長過程中，倚賴家庭和傳統是理所當然的。而在父母老去時，盡孝道照顧他們是兒女的義務。

六十年代最受歡迎的兩個女星——蕭芳芳和陳寶珠，在她們的事業高峰期（一九六七—一九六九）拍過不少宣揚孝道的電影。她們在推動時裝青春片這類型前曾主演很多古裝電影，包括武俠片和戲曲片，對孝道這個題材非常熟悉。一個可作代表的例子是她們按粵劇《胡不歸》所拍成的電影《七彩胡不歸》（一九六六）。在這齣李鐵執導的電影中，陳寶珠反串小生，扮演書生文萍生在旅途中病倒，獲得一個退休老人和他的女兒顰娘（蕭芳芳飾）悉心照顧下康復。文、顰兩人相戀，然後成婚。但是他們返回書生家門後，就到妻子生病。書生的守寡母親對生病的媳婦沒有好感，以疾病會傳染為理由，強迫兩夫婦分開生活。

兩人遵從這不合理的命令。而當書生前往從軍後，那母親就利用兒子不在家的機會，強迫媳婦離開，並提出以金錢作補償。不過，媳婦是德行的模範，既忠於丈夫，又對長輩盡孝：她拒絕接受金錢，由此證明了她的德行，但是也願意按照家姑的意願離家。兒子回家後，發現妻子離去悲痛欲絕。他四處找尋妻子，結果卻聽到她的死訊，鋪排出他到妻子墳前唱出名曲「胡不歸，胡不歸，傷心人似杜鵑啼……」的一幕。當書生準備自殺時，妻

《七彩胡不歸》，1966 年。

子出現，原來一切不過是安排兩人重聚的計謀。最後，家姑因蕭芳芳性格堅強和深愛兒子而接受了她，電影大團圓結局。

《七彩胡不歸》突出之處，在於兩個受過傳統粵劇訓練的主角都有精彩的演出和歌唱（唯一令電影失色的，是譚蘭卿飾演擔戲極重的女性一家之主角色，演出過於樣板）。這是陳、蕭兩人合作的古裝片中，唯一能讓她們充份發揮才華的。影片表現了傳統的孝道主題，指出兒女基本上應服從父母，要爭取父母認同自己的做法，不是依靠反叛，而是摯誠和盡責。自此以後，她們兩人開始以自己的方式，演繹非古裝、非傳統的角色，但是卻仍然緊守盡孝和尊重父母的主題。這樣的主題在華人社會的背景下不是可以輕易擺脱的，不過陳寶珠和蕭芳芳卻作出了有趣的變化和演繹。

這兩位女星在《七彩胡不歸》後的電影，大都成為刻意讓她們盡展才藝和魅力的工具。兩人主導了六十年代後半的粵語影壇，而且並沒有任何男明星的聲勢足以匹敵。於是，宣揚孝道的主題就由孝子轉移至孝女。從這個角度看，六十年代是認真地將女性與男性平等看待的時代。

## 孝女

陳寶珠主演的《孝女珠珠》（一九六六），片名既説明了內容，而且或許也象徵了粵語片過渡至女星主導的時期。「珠珠」既是陳寶珠在片中角色的名字，也緊扣她的真實姓名。珠珠是綜合表演藝人，不畏艱辛，要成為正式的粵劇伶人；同時，她要照顧患上精神病的母親。後來，珠珠的理想遇上挫折：一個匪幫綁架了她的母親，以威迫她到匪幫頭子在澳門的夜總會表演。於是，珠珠放棄了花旦的訓練，令嚴厲的師傅（粵劇大老倌靚次伯飾）肯定了她不負責任的想法。影片的孝道主題的焦點，在於靚次伯的角色。片中固然推崇珠珠對母親盡孝，但卻強調她對作為父親形象的師傅有更大責任。

余河導演的《長髮姑娘》（一九六七）的儒家思想主題，將這部在其他層面來説不甚重要的電影，提升至「道德驚慄片」的層次：談及在社會日趨西化時東方保守價值觀的重要性。陳寶珠飾演一個警探的女兒，自己也想成為警探。她加入了警隊，卻不滿警方在處理「賊孝子」一案的無能表現，於是她決定做「長髮姑娘」偵探，自行查案。孝心大盜（林家聲飾）是劫富濟貧的蒙面賊，偷取不孝富翁的金錢，來為香港的老人家興建養老院。在片中，「賊孝子」的長兄並沒有盡照顧年老父母的責任，原因是他在西方受教育——劇本

《孝女珠珠》，1966 年。

提醒觀眾，在西方，子女是不會照顧父母的。

陳寶珠的角色依然是孝女，不過她同時也是鬥士，既有自己的主張行動，也可以保衛自己。陳寶珠將孝心和獨立演繹為本身性格的必然發展。不過，這兩種特性混合帶來的精神分裂有時會顯露出來。在基本上推動了青春片類型的《姑娘十八一朵花》（一九六六）中，陳寶珠開始確立獨立的個性面貌。她飾演一個孤女，既擅長歌唱，又有高強武藝，可以對付意圖損害她名譽的壞蛋，這種角色設計已遠離孝女角色的傳統演繹。而陳寶珠在拍這部有好些音樂錄像帶（MTV）式片段的夢幻作品前，早已是武俠片紅星。

貧窮的孤女吳海燕（陳寶珠飾）從澳門來到香港，投靠在一個富有人家當女傭的養母。她毫無困難地適應到這家庭的生活，並且跟富家子子英（呂奇飾）相戀。影片輕輕帶過社會勢利觀念和階級意識等問題，集中以歌舞場面展現兩個故事主角的平等戀愛。當然，橋段是令人難以置信的：海燕介入了子英和他的富家女友之間的關係，不過兩人的愛情不受嫉妒和男方家長的勢利態度影響。海燕的自信（通常在西方角色出現的那種），以及她雖然社會地位低微卻隨遇而安的樂觀態度瀰漫於整齣電影中，也掩飾了它的缺點。毫無疑問，開朗、獨立、有志者事竟成的個性面貌，完全切合香港不斷蓬勃發展、欣欣向榮的現代環境。這種性格反映了香港生活中較為與年輕人的願望協調的一面，因此這齣電影成功也就是可

《姑娘十八一朵花》，1966 年。

以理解的了。

《莫負青春》（一九六七）中的角色承襲了這種活潑的面貌，但卻有着教人驚奇的變化：陳寶珠所飾演的角色完全喪失了責任感。她精神失常，直至最後一刻才憑藉驚嚇治療復原。這部電影屬於一九六七至一九六九年間不尋常而甚具力量的「問題青年電影」系列，其中包括了楚原的《冷暖青春》（一九六九）和龍剛的《飛女正傳》（一九六九）。《莫負青春》集中於探討中上階層的青年，以一個被寵壞富家女 Ruby（陳寶珠飾）的驕縱行徑，與管家的兒子符世傑（呂奇飾）理性、有教養、具責任感的態度形成對比。後者受命要在一個沙灘派對上注意不羈的 Ruby 和她男友 Wilson（譚炳文飾）的舉動。

Ruby 的父親（駱恭飾）視符世傑為年輕人的模範，更希望他打理和繼承自己的生意。Wilson 在發現 Ruby 愛上了符世傑後，竟將她綁架。她大受打擊，在被人追捕時滾下山坡，變得精神失常。這引發了兩場令人難忘的戲：Ruby 在醫院大堂中突然發狂，像武俠片中的女俠般抵抗醫院的護衛；接着的一場「阿哥哥」舞會同樣令人捧腹，Ruby 的父母和家中其他長者為了使她回復正常，隨着當時流行的音樂起舞。這兩場戲以毫不帶教化意味的形式展現香港電影，描繪上流社會在處理年輕叛逆者的問題時，不甚以批判教誨的角度出發，並且異常寬容（在對待管家兒子方面，更顯示了完全不分階級的態度）。

雜誌封面

《莫負青春》，1967 年。

《莫負青春》中年長一輩表現出開放的態度，有兩個原因：可能是六十年代社會的整體趨勢；也可能是陳寶珠和蕭芳芳等女星極具魅力的個性——她們即使在擔演反叛角色時，也顯得純真善良；即使她們殺了人，想要逃避罪責也可得逞。在楚原傑出的瘋狂鬧劇《玉女添丁》（一九六八）中，陳寶珠有精彩的惹笑演出。她的父親（高魯泉飾）十分注重名譽地位，姊姊（方心飾）卻未婚懷孕，由於陳寶珠覺得父親比較疼愛她，於是假裝懷孕的是自己。全片充滿了對傳統的婚姻和家庭關係觀念的諷刺，堪稱是六十年代粵語片式反建制電影的一大成就：年輕人對傳統包袱作出了某種形式的報復。

**轉載自《躁動的一代：六十年代粵片新星》，香港：香港市政局，一九九六年。**

# 陳寶珠：廣東新女性形象

羅卡

不到一年，陳寶珠便以大熱的姿勢躍登粵語片有史以來最賣座的明星。

有天碰到一位知名的粵片導演，談起陳寶珠，我打聽他的意見。他說：「陳寶珠是眾人心目中的開心果，做父母的喜歡有這樣的一個女兒，做弟妹的喜歡有這樣的一個姐姐，做哥姐的喜歡有這樣的一個妹妹，年輕人更喜歡有這樣的一個朋友。」我沒有再問他男孩子喜不喜歡有這樣的一個女朋友，也沒有問他為什麼會喜歡。

又有晚我去看不知第幾輪上映的《姑娘十八一朵花》，全院客滿，好辛苦才買到超等的黃牛票。坐在戲院裏，覺得自己太老了，因為四周全是些十來歲朝氣勃勃的女孩子，她們很興奮的坐立不安的期待着，銀幕上打出了「陳寶珠」三個字立刻就引得全場哄動。從她們的邊看邊説話，可知她們看過該片不只一次，真不可想像她們第一次看時情況是如何的熱烈。我只能説，我很感動。我希望自己也是她們的一份子。能夠全心全意去愛的人是有福了。

對於看粵語片而長大的我，陳寶珠是個新的女性形象，雖然我還可隱約追尋到她的前身。我可以從她身上看到白燕那份純良厚直，紫羅蓮那份率真堅忍，鄧碧雲那份多樣鬼馬，林翠那份機靈活躍。然而，我們不能不注意，陳寶珠那份純良中帶反叛，豪快中帶保守的性格，正是粵語片以往明星中所缺少的：一個完全獨立於男性中心社會，不再受男性的折磨與操縱的進步新女性。

以往粵語片中的女主角形象泰半是個不能衝破家庭（婆媳丈夫兒女）的牽累或者禮教（男性一廂情願製造出來壓抑女性的好主意）束縛的犧牲品，就是説，多是悲劇性人物。即使她們之中有堅忍剛毅的，也要身歷千辛萬苦，才能爭取到一點點的生存權利。女人，在過往的粵片中，多是受害者、弱者。一言以蔽之，沒有獨立自主能力與地位的「次性」。

我們不妨這樣說，由於中國社會一直是重男輕女的，才有女扮男裝這樣畸形的戲劇角色出現。這是在無可奈何的劣勢下，女子為爭取與男性同等權利而作的一種變態的滿足。長期受壓抑的女觀眾，看到任劍輝或鄧碧雲或凌波扮作男裝後大肆戲弄男主角，搞得他（們）團團轉，或者看到她們全副袍甲武裝上陣的英姿，其潛意識中報復心理之獲得宣洩，自豪感之獲得滿足，是不言而喻的。《梁祝》是典型的例子。《梁祝》前半部是喜劇，梁山伯被寫成呆頭呆腦的漢子，屢被聰明靈巧的祝英台戲弄；後半部「十八相送」後一轉而為悲劇，因為祝英台被迫回復女兒身，再不能假借逃避男性社會的迫害了，而無能的梁兄哥又遲來一步，於是，一度自立自主的祝英台再度成為犧牲品，脱不掉悲劇收場。女觀眾在獲得興奮一番之後復能自悲身世與劇中人同聲一哭，《梁祝》大賣特賣，實有道理。而凌波這種忽男忽女，欲笑還顰的扮相，能夠成為廣大女性觀眾崇拜的偶像，是可以理解的：她能同時滿足她們潛意識中的自大與自卑心理。

然而，即使是凌波、任劍輝、鄧碧雲，她們所體現的形象都還是舊社會中亟欲爭取女權而未獲成功仍要妥協的女性形象。她們的主要觀眾，是成年的婦女和仍在這些婦人管養下隨聲附和的小孩。這些人都是社會中受迫害的人物，而她們之擁有大量觀眾，也局部反映出我們社會中女權是何其低落了。

不容否認，近年來香港女性的地位是提高了。工廠與商行、學校為女性提供更多的就業機會。女性們從青少年開始，經濟便逐漸走向自足與自主。作為這些香港新女性的代表是十來廿歲的中下層職業女性（特別是工廠女）。她們靠自己雙手可以賺到足夠的薪水，除了幫助家用外還有餘錢作零用。在家庭中，她們不再是受養於父母而只有服從份兒的女兒，在社會上，她們有權選擇自己喜歡的異性對象。她們開始不再依靠家庭、依靠男性，而靠自己的一雙手足與一副頭腦了。陳寶珠那個天不怕地不怕，即使遇到困難終於能自力更生加以解決，而一身功夫更凌駕男子之上的徹底解放的女性形象，難怪博得廣大的共鳴與喝彩了。

為什麼說陳寶珠是「廣東」女性新形象而不稱「香港」？因為，她還保有一點本地一般洋化新女性所無的廣東人傳統習氣。那就是木訥和剛直。銀幕上我們所見的陳寶珠，要不就歡笑，要不就跳打，所謂「一言不合，打將起來」，沒有什麼花言巧語。那是個多用動作少用語言來表達感情的角色。我個人以為她不宜演言情片，特別是「文藝大悲劇」，因為她的充沛活力與鬚眉之氣往往蓋過她作為女性的溫柔委婉的一面。在諸如《女賊黑野貓》、《女殺手》、《第一號女探員》這些動作片中，她都無須偽裝，公然與男性對抗，而且經常以勝利者姿態出現；即使在那些喜劇片如《彩色青春》、《姑娘十八一朵花》中

《黑野貓霸海揚威》，1967 年。

她擺的也是豪快的主動姿勢，男主角往往處於被動與受制地位，反而是弱者了。值得注意的是，這個女性形象雖已現代化，但並不全盤香港化（如國片中某些青春派新女星），她從不穿暴露性的西服，頭髮永遠是天然的長而直，不時還來個中式衫褲打扮，仍有着香港廣東少女那份自足與保守。在她主演的片中，又常常特意寫她如何孝順，如何勤奮識性，那都是粵語片一貫強調的。如果說占士甸是「無理由而反叛」的新一代美國青年的突出形象，則陳寶珠可說是「有理由而反叛」（只是爭取應得權利）的新一代香港廣東女性的突出形象。作為一個演員，陳寶珠是不成熟的，這是應該特別指出的一點。也因此，我不禁替她擔心。粵片製片家的短視與容易自足（只要不吃眼前虧，日後如何管他娘！這也算是廣東精神之一，就只是壞的！）往往破壞一個可以再進展的明星的前途而毫不理會，而作為明星本身，她自己是否會加以珍惜呢？

**轉載自《中國學生周報》，第七五二期，一九六六年。**

# 性別的感光片——論陳寶珠的「少年俠士」風貌

洛楓

另一樣武俠片中常出現的服飾奇招，則是易服，以女扮男裝最多……藉易服，女扮男裝，中和了易服的干擾性，令異性愛好者更能包容易服。奇裝異服被化成一種可觀性，在展示、在炫耀，以高高在上的姿態，比男性更俊俏的外表，減低傳統正統對服飾的性別（及性別角色）的規範。

——李照興：〈關於 Camp，武俠版〉

## 引言：「反串」作為武俠電影的服飾奇招

「戲曲」、「武俠」、「喜劇」曾是香港電影歷史發展上三大重要類型，同時也是「反串」、「易服」技藝發放異彩的場所，隨着城市現代化過程的洗禮，「戲曲電影」逐漸隱退，留下「武俠」與「喜劇」一直盤踞製作的峰嶺，至今不衰。歷來討論武俠類型多從中國文化的俠義傳統、電影跟小説的改編關係、特技的運用、武術的風格與流派、武打明星的研究、導演個人心志的寄寓和時代諷喻等入手，鮮有論及「武俠反串」的性別意識及其顛覆、扳動「武俠男權」的身影，於是，開首引述香港文化評論者李照興的觀點，既鳳毛麟角也饒富趣味；李照興指出「易服」是武俠電影的「奇招」，而且以女扮男裝最多，比男性更俊俏的易服者不但泯滅了傳統和正統（古裝）服飾的規範，同時也褪走了性別的分歧，使「女子」便於行走江湖，當然，這個「女子」是指具有雙重身份的「易服者」！中國傳統俠義文化的論述裏，講求「天地君親師」、「儒釋道」的思想，在「以武犯禁」的政治意識底層，蘊藏了師門、師傅的宗族體系，男性闖蕩江湖是為了鋤強扶弱、成就一番轟烈功業或統一天下的野心，所謂「士為知己者死」是男性情誼的極致，所謂「放下屠刀」是大徹大悟的改邪歸正，都是十分雄渾、雄偉而雄性的景觀，女子夾雜其中，通常有三種造像：一是不懂武功、備受保護的弱者，二是學會了武功之後禍害武林的魔女或蕩婦，三是披上英風凜義跟男人並肩作戰或孤身獨行的女俠。這三種形態之中，以第一、二種為數最多，差不多佔據大部份武俠電影的程式，而第三種卻少數地蛻變而成藝術不凡的「俠女」類型[1]。事實上，弱女和魔女是許多武俠電影慣常的橋段，因為「武功」作為體能與權力的武器，具有侵略和威脅的殺傷力，如果落入「女子」手中，一旦失控的話，便容易危害男性個體（俠士）或集團（師門）的利益，令男人主導的江湖世界失去了操控的地位，因此，武俠小說大師古龍曾說：「女人可以讓男人降服的，應該是她的智慧、體貼和溫柔，絕對不是她的刀劍」[2]，具體而明晰地顯露了「武俠類型」的性別框架。在這樣的前提和認知下，武俠電影的「女扮男裝」的確是奇異的招式，所謂「中和了干擾性」是指淡化了對男權與男性事業的衝擊，所謂「令異性愛好者更能包容」是指移動了男男、女女的情色防線，女演員換上了衣褲、束起了髮冠、配起了刀劍、當起了男主角，彷彿乾坤大挪移的心法逆轉了銀幕警惕的防衛，也彷若凌波微步那樣移形換影地游走，不受拘束，瀟灑地建立自己的藝術形象，而在香港電影的武俠光譜裏，「陳寶珠」是其中一個明亮的顯影！

陳寶珠從影數十年的生涯裏，身段幾度轉變，從童星、戲曲小生、武俠反串到玉女和偵探類型，直逼「百變」的維度，而她那種「可男可女」的形態更是上世紀六十年代一株奇葩，在「七公主」的陣營中獨樹一幟[3]。這個篇章先從她銀幕多姿多彩的造型及其流變說起，勾劃當中的時代背景與戲迷文化，然後集中分析她最為人津津樂道的「武俠反串」，看「少年俠士」的展演如何助她渡過青春期的尷尬、進入演藝的高峰，並且旁及她在戲曲片和時裝喜劇的「易服」扮相，在比對或映照下怎樣突顯特殊的風格，同時又無可避免的限制，最後以她千禧年前後復出舞台的「反串」戲碼作結，歸納一代伶星從銀幕到台板依舊踏着「女扮男裝」的步姿，走人生藝術的旅途。

## 電影類型的跨界：陳寶珠的銀幕形象

出生於一九四六年的陳寶珠是粵劇名宿陳非儂與宮粉紅的養女，起初學花旦戲，但因聲線不合旦喉而轉為小生，同時跟隨秦腔武旦粉菊花學習北派武術；九歲開始踏台板、演京劇，並與粵劇丑生梁醒波的女兒梁寶珠組成「孖寶劇團」，二人分擔小生、小旦；十三歲那年，身兼粵劇與京劇身段的陳寶珠更拜在名伶任劍輝的門下，學習「任腔」。一九五八年開始涉足影圈，以童星身份參演多部古裝戲曲片，成年後反串武俠電影的男角，極受女影迷的愛戴，一九六六年再度轉型，創造「青春玉女」的形象，主演多部賣座成功的時裝片，

《大師姐》，1967 年。

獲得「影迷公主」的美譽；一九七〇年退出影壇赴美求學，一九七二年回流香港拍成國語電影《壁虎》後正式退隱（盧子英，六一一四）。及至一九九八年，息影二十六年的陳寶珠復出舞台，主演《劍雪浮生》（一九九九）、《煙雨紅船》（二〇〇〇）、《天之驕子》（二〇〇六）等，全是反串角色，再度掀起熱潮。縱觀陳寶珠的演藝歷程，發現有兩個特色：一是可男可女，既扮小生也演玉女，二是橫跨多種電影類型，從京劇到粵劇，然後是武俠片與時裝喜劇，能文能武、能歌善舞、動靜皆宜，而且形象都是美好正面的。正如資深影迷研究者張結鳳指出，陳寶珠在銀幕上擁有多重臉譜，時裝片如《姑娘十八一朵花》是窮家女自力更生，偵探片《玉女追兇》大展空手道功夫更勝鬚眉，《黑玫瑰》與《女殺手》是鋤強扶弱的俠盜，喜劇《玉女添丁》鬼馬活潑而足智多謀（五五—五六）；張結鳳甚至將陳寶珠的從影生涯分成四個時期，以一九六五年作為分水嶺，前期在戲中主要是于素秋的妹妹或弟弟、任劍輝的兒子，卻奠定了她日後戲曲小生的地位，代表作品有《七彩胡不歸》與《再世紅梅記》，一九六五年之後日漸成年，是「武俠反串」的重要階段，像《六指琴魔》演出武功高強的多情劍俠，其後回復「女兒身」，開拓粵語電影的青春歌舞片像《莫負青春》和《霧美人》，同時也展開現代俠盜類型，以「黑野貓」、「女殺手」和「黑玫瑰」的造型建立連續的系列（七一—七二）。歸納來看，何以一個演員能有這麼多不同形態的電影造像？除了仰仗個人的技藝以外，還有什麼時代因素？

電影學者羅卡指出，上世紀五十年代的粵語電影體現香港社會的變化與基層的民生問題，到了六十年代，工商業日趨發達帶來人際關係的複雜與倫理道德的危機，青少年問題嚴重，在歐美與日本生活思潮的衝擊下，整個電影業被迫努力轉型以求生存，其中出現了新舊女性的對比，在賢妻良母以外有工廠女工、售貨員等現代勞動階層的少女，她們大多開朗、樂觀、機智、多才多藝，能夠跟「資產階級」或頑固封建的上一代對壘，其中陳寶珠和蕭芳芳最能發揮這些現代女性的特質，她們不靠集體力量、不談國族歸屬，只突出自力更生的能耐，是當時電影工作者的良好願景，也跟六十年代逐漸形成的「香港人」性格暗合，羅卡甚至說，陳寶珠與蕭芳芳的出現，將同時期的男星給比下去，使他們顯得軟弱不堪（四七—四八）；另一位電影學者張建德也說陳寶珠與蕭芳芳「主導了六十年代後半的粵語影壇，而且並沒有任何男明星的聲勢足以匹敵」（一一二—一一三）。那真是個「女明星」發亮招展的光輝歲月，是時勢環境矗立起陳寶珠七色幻變的演藝光華，社會現代化的進程、嬰兒潮成長一代的心靈寄身交錯而成她眾多電影形象背後的幕景，正如羅卡的闡述，香港粵語電影走過五十年代的倫理關懷、神怪武俠功夫電影的特技試驗、伶人明星的曲藝傳統，逐漸建立了基礎，從而追求突破；葉富強同樣認為，六十年代電影的蛻變跟人口的本質改變有關，愈來愈多年輕人成為觀眾，加上西方文化教育促使流行品味重新定位，電影公司為了開拓市場，必須培育和引用新人（一六—一七），於是江山代有才人出，陳寶珠乘勢而起，以粵劇功架與北派武術作為底子，游走於戲曲、武俠和時裝三大類型的輪流上場，以獨立、純真、善良的個性角色，接近本色的演出，形構一代戲迷文化的嚮往；張建德說陳寶珠不算艷麗，但反串男角很有看頭（一四）；電影史學者陳雲也說，陳寶珠活躍於基層觀眾之間，很有耐心跟戲迷周旋和聯繫（一一一）；羅卡更大膽的將陳寶珠定性為「廣東女性的新形象」：「純良中帶反叛，豪快中帶保守的性格，正是粵語片以往明星中所缺乏的：一個完全獨立於男性中心社會，不再受男性的折磨與操縱的進步新女性。」（八八）從這眾多學者和評論人的描述和分析，大概可以將陳寶珠的銀幕形象織入歷史時代的脈絡中，然而，作為當代一個酷兒的觀影者，我尋求理解的是陳寶珠的「易裝反串」帶來了怎樣流動的性別形態？在「前有規範」（如任劍輝與梁無相）、「後有來者」（如林青霞與梅艷芳）之間，她的特異之處在哪裏？尤其是二十六年後再現舞台的還是「女扮男裝」的面貌，到底是她還是觀眾念念不忘這個易釵而弁的身份？

## 從「雌雄同體」到「雙性形態」的爭辯

戲迷研究者張結鳳曾經以「陰陽同體」來概括陳寶珠的銀幕形象，指出同時能夠以男、女二相示人，正是她無可比擬的魅力所在，既是女性形象的理想化身，也是女性觀眾心目中的理想男性（六六—七三）；而張結鳳所謂的「陰陽同體」，其實就是「Androgyny」，比較通行的譯名是「雌雄同體」，是一個人身上同時具備男女兩種特質的情態（六六）。英國作家維珍尼亞．吳爾芙（Virginia Woolf）在論述「雌雄同體」的時候以「計程車」作為比喻，寓意一男一女共同走入一個載體之中，不分彼此，是兩種性別思維的融會貫通、二合為一（三八—五二）；法國後結構主義心理學家克莉斯蒂娃（Kristeva）則從柏拉圖（Plato）的神話原型引申，強調「雌雄同體」並非「雙性」（bisexuality），前者是「單性」（unisexual）的形態，因為「男與女」、「雌與雄」、「陰和陽」早已結合無縫，形成無間無隙的完美性相，自我圓足、不分二性也不假外求，後者卻是兩種性別互相映照，呈現一種不均稱的重疊（nonsymmetrical doubling），例如男人身上具有不屬於一般女性的陰柔特質，女人身上揮發不屬於一般男性的陽剛氣味，由是二重屬性環環相扣（六九—七一）。翻閱「雌雄同體」與「雙性」的相關理論，可以辯證張結鳳論述的漏洞，先不論她如何攪

《長髮姑娘》，1967 年。

和了中國古典哲學如《道德經》跟西方性別理論不同流派的觀點與立場，她以「雌雄同體」套現陳寶珠的身上也過於隨手拈來，失於「張冠李戴」[4]；個人認為，打扮「女裝」的陳寶珠，長髮披肩、修身的衣裙、嬌媚的笑容和優雅的儀態，是非常傳統和符合大眾想像的「玉女」形象，即使是飛簷走壁的俠盜妝容，也是黑色的緊身衣配上透視肩膊的衣料，再加上能夠辨認容貌的「貓形眼罩」，身手矯健之餘也充份展演性感的線條，至「男裝」打扮，則無論戲曲的書生還是武打的俠士，仍然脫不了一股「女兒態」，她是一身「扮演」兩個性別，而不是一身「兼容」男女二相，當中有間隙可尋，而非圓融的縫合，「雌」與「雄」在她身上不能同時顯影化而為一，而是兩種分別呈現的扮裝[5]；相反的，陳寶珠的銀幕形象，接近法國文論家愛蓮．西蘇（Hélène Cixous）推演的「雙性性相」（Bisexuality）。

西蘇的名篇〈墨杜莎的微笑〉（*The Laugh of Medusa*）乃針對弗洛依德（S. Freud）非常男權意識的心理學說而來，強調「女性」並非如弗洛依德所言的「黑洞」那樣恐怖可懼和不可理解，相反的，是傳統父權、歷史、教育和文化的沉積，將女性的自主和主體壓在底層，使之不得翻身和反抗，並用各種「污名」的手段阻止女性發聲和書寫，因此，她以子之矛攻子之盾，讚揚女性的內涵猶如黑洞一般的深邃、神秘，蘊藏無盡未可預知的力量，逆反了弗洛依德原有的論說，提出「陰性書寫」（l'éciture feminine / feminine writing）的概念，主張女性結盟，團結一致共同面對壓迫的男性世界（三三四—三三五）。西蘇的觀點來自上世紀七十年代西方婦女解放運動的需求，自有其策略的選擇與立場，借用來言説陳寶珠的性別感光源於兩個理由：第一，香港六七十年代正值性別運動在西方思潮策動下、本土意識萌長中逐步開展，六十年代蓬勃的社會經濟發展幾乎仰賴一群勞動婦女貢獻的成果，陳寶珠廁身其中，從她身上彰顯的性別模式自有許多牽連之處；第二，西蘇建構的「雙性」景觀，着重借用男性特質、語言作為武器，反擊父權系統，也恍若一個跨界的寓言，寄寓陳寶珠在銀幕上的英雄姿態，尤其是她反串一系列的武俠電影，穿插於青春歌舞片的聲色裏，「雙性」形相更彷彿為她度身訂造！西蘇以詩化的語言、密佈象徵和比喻的文章佈局，開展她的「陰性」論述，她提倡的女性書寫乃是為了女性讀者而來，女性的知性美不應該繼續被掩藏埋沒，而是盡情發放，而且只有女性讀者本着同性身份，包括身體和思想的認知，才能深切體會和明白這些陰性文本的內容，女性應該無懼於「欠缺」，英勇地走自己的路，以身體作戰，掌握男權的語言回擊，顛覆世道的二元對立，將兩性納於一身，而所謂「雙性」，就是在個體清明的存在裏，學習男性掌握世界的工具，譬如語言，結合女性身體和思考獨有的特質，演化而成兩重性別的存有狀態，二者互不排斥，而是和平共處，以致達到多重複疊的效果（三三四—三四九）。觀乎西蘇的「雙性」理論，其實是一個「比喻」的姿態，由於女性一直生長並成長於父系社會，無可避免種種規範的箝制、束縛和影響，當不能徹底掙脫男權的枷鎖，便只好反過來操控這些系統，將之化成保衛自身、開拓自我的工具；在這些理解的絲線下，我們只要將西蘇論及的「書寫」轉為「影像」，便可照見洞明的指引，指引潛入建構陳寶珠性別形相的方向——作為武俠類型的反串，她何嘗不是以女性身份掌握了男性的器具，回擊一個以男人作為主導的江湖世界與電影工業圈子？先前說過，「武俠文類」作為父系社會的延伸，女子往往被禁足江湖，而「武功」作為父權資產繼承的系譜，更是宗法制度的基石，女子以武犯禁，除了少數在開明小說家或電影藝術化的處理下，得以成就「俠女」的美名，在選擇淪為弱者或魔女以外，「改裝易服」是另闢蹊徑的招式，穿上男裝、反串男角，借用西蘇的話語，這是掌握男性武器、將自身的「她」化演他者的「他」，通過「變形」，浮動於兩種性別之間（in-between），而立於不敗之地（三四〇—三四四）；另一方面，陳寶珠的戲迷以「女性」為主，無論「她」在她們心中是「理想玉女」還是「理想男人」的寄託，都形成了「女性結盟」的陣線，如果西蘇是以女性自身為女性讀者書寫女性文本，那麼，陳寶珠便是以女演員的身段和身手為女觀眾投映屏幕，而且此情長達數十年風雨不改[6]！

張結鳳在收集影迷「觀影狀態」（spectatorship）資料的時候，曾經歸結的指出熱愛陳寶珠的觀眾明知她是女兒身，而且更是美貌女子，不同於任劍輝或裴艷玲那般女生男相，卻依然專注地追隨她在戲台上扮演男子，是出於一種微妙的性別想象：「觀眾要挑戰既定的性別分野、按照自己的主觀心理來營造想像中的理想男性形象」，尤其是在「似與不似之間，以柔媚刻劃剛強，以細膩刻劃寬宏」，才能抓住慾望的視線，觀眾從來沒有將舞台上、銀幕裏的女扮男裝者當作現實生活中的男人看待，而是加添了一重藝術的轉移（九七—一〇〇）。張結鳳的研究很能旁證陳寶珠的反串形態及其接收狀況，以「女生演男生」正是她最具魅力的「殺手鐧」，她惹人遐思的地方不在於締造「新男人」的格局，而是讓本有的「玉女」風貌同時刻鑄於改裝易服後的形相，掩映兩重性別的印痕，而在她芸芸眾多「女扮男裝」的剪影裏，「武俠反串」可說是最具個人無可取替的特色，這不是說她的「易服」最像男人，而且作為「酷兒的觀照者」（queer spectator），我也從來不以「最像男人」的標準衡量性別易裝的成敗，而是訴之於個人典範的確立，於是，陳寶珠反串男裝演出頭角崢嶸的「江湖小子」或風度翩翩的「少年俠士」，便成為她與別不同、傲視群雄的個人風格。

## 武俠反串：少年俠士的成長歷程

扮男仔才着數！女扮男裝，十個九個俊俏。女仔扮女仔，沒什麼特別。

——陳寶珠 [7]

這是陳寶珠復出舞台首次舉辦個人演唱會前的訪問，被問及何以常常反串男角？對於同時也可以演出女角的她，有沒有不公平的感覺？陳寶珠以豁達的口吻回應，説反串男生才有看頭，因為十個當中九個都是俊俏的，而且比女生演出女角更顯特別。這段簡單的對答，道出了「女扮男裝」的優勢，容易引起注目，而且只要有幾分俊俏，便會博得觀眾的好感和歡心；沉溺於陳寶珠數十年的演藝生涯裏，她的「武俠反串」與「玉女形象」其實分庭抗禮，各有擅長和擁戴的戲迷，而這種「雙性」的造像，不但沒有混淆或抗斥，卻是相得益彰互相輝映。一九六五年陳寶珠於古裝武俠片《六指琴魔》反串，第一次擔當男主角，而首部時裝女角電影則是一九六六年的《玉女含冤》[8]，從此以後「武俠反串」與「青春玉女」成為她雙線平行的發展。這些武俠電影當中，大部份屬於古裝連續系列，那是「刀劍片」的類型，而且不止一集，或因應改編的武俠小説需求、或由於票房的成功，往往拍成上下兩集、或連續四至六集的模式，其中以《六指琴魔》（一九六五）、《武林聖火令》（一九六五）、《聖火雄風》（一九六六）和《天劍絕刀》（一九六七—一九六八）最富

《武林聖火令（上，下集）》，1965 年。

個人風采。

一九六五至一九六八年間，陳寶珠大約十九至二十二歲之間，順理成章在「武俠反串」中擔演少年俠客或初出茅廬的江湖小子，她在《武林聖火令》系列之中飾演書生俠士，一身小生錦袍一副秀才形相，手執紙扇，既是武器也是儀表翩翩的道具，形象仍然留有她在戲曲舞台的痕跡，但在電影中卻一直被其他江湖人士喚作「小子」、「細路」（小孩），被罵「乳臭未乾」，體現的是一副青澀模樣，眉清目秀，喜歡我行我素、好管閒事，有一份不知天高地厚的童真，卻聰明矯健，愛撒謊戲弄別人，給傳統老舊的粵語武俠類型注入了清新可喜的景象；其實，陳寶珠在這兩集電影中飾演的段雲秀並非男主角，男主角是由粵劇名伶林家聲飾演的尹天仇，他的父母因為門派紛爭，以及武林奇寶「聖火令」的爭奪而死於非命，長大後立志報仇和尋寶，途中巧遇活潑好事的段雲秀，結為知己同行江湖。陳寶珠在戲中的演出，雖然份量不多，但非常搶眼、亮眼，尤其是身上散發一股現代氣息，恍若清泉的洗滌了故事橋段的老套陳腐，而「秀才」結合「俠士」的造型，又為她加添了一份文武雙全的氣派。基於這些成功的因素，一九六六年開拍的續集《聖火雄風》，便改由陳寶珠正式擔演主角尹天仇，同樣反串男角，卻配上蕭芳芳的女角杜鵑兒，加上武術指導唐佳和劉家良，令電影無論言情還是武打都大有看頭；《聖火雄風》的故事依然關於武林奇寶聖火令的下落與追尋，卻加入江湖野心家意欲操控各門各派的陰謀，導演蕭笙大量運用俯瞰的鏡頭、快鏡的推拉，甚至加入水戰的場面、特技和陣法，加強了武打的波瀾壯闊，而具有北派武術根基的陳寶珠更是得心應手，揮灑自如，雖然幼眉的妝容仍然略帶童稚，但正義凜然的説詞、迅速游走的步法，仍使她展示了非凡的技藝。儘管兩部「聖火令」的電影讓陳寶珠初涉江湖險惡的形象深入民心，但論及情節的迂迴曲折、人物的立體詮釋，還是由陳烈品導演的《六指琴魔》和《天劍絕刀》更具格調。

《六指琴魔》前後共有三集，情節柳暗花明、起伏變幻，故事開首即危機密佈，石堅與林靜飾演的鏢局夫婦呂騰空與西門一娘，為了押送一個神秘木匣而捲入江湖追殺，無辜遭受各路人馬的圍攻搶奪，連摯愛的兒子也下落不明、生死未卜，而飾演其子呂麟的陳寶珠才是整部影片的主角重心，他（她）不停的被抓來捉去，歷練江湖風波與人心善惡，幾番被害又幾番獲救，先遇上鍾情的女子譚月華（李居安飾），後又結識了改邪歸正的鬼奴（薛家燕反串），後來呂麟的父母被武林異人六指琴魔殺害，他（她）心愛的女人又另嫁他人，落魄流落荒島學成一身奇門武功後重返江湖，誅滅奸邪，再重獲所愛。在這部系列的電影中，陳寶珠的男性形象逐漸走向成熟，不但扛起了保衛武林的責任，而且也引入了男女的情慾糾纏，進一步建立了「她」的男性魅力與能力！首先，三集《六指琴魔》是少年俠士成長的故事，陳寶珠由第一集開頭表現的衝動、行事不顧後果、倔強不屈和容易賭氣的脾性，慢慢演成第三集的癡情漢子與正義先鋒，性格的改變循序漸進，鋪排充滿層次，人物的遭遇夾纏於複雜的事件中，使行動與心理反應有所依歸，而陳寶珠的演繹，也能夠從青澀的稚氣走入成年的韻味，尤其是相對於同時反串男角的薛家燕，無論外形、神情、語態和舉止，都表現更為穩重的氣度；其次，這部電影也罕有的為陳寶珠的男角加入了情慾的暗場，情節講述呂麟一直癡戀的譚月華竟然愛上了自己的師傅，並且決意跨越年齡的障礙締結良緣，呂麟獲悉後傷痛欲絕，一邊質問月華、一邊坦白示愛，卻遭冷然拒絕，這場景，陳寶珠演來眼中含淚、意態堅定，將哭與笑、悲與喜、愛和恨、憤和怨交錯臉上，同時表達「終身不娶」的偏執、矢志不渝的癡迷，令人於心不忍；其後劇情峰迴路轉，六指琴魔撥動「天龍八音」的淫邪樂聲，迷惑了呂麟與月華的本性，令二人意亂情迷下交歡結合，當然，以當時電影尺度的限制和明星形象的保護，導演只採用了黑色熒幕作為「暗場」交代，但情慾的意識相當明確，由於沒有直接顯露而更令人想入非非；及至二人清醒之後，大錯已經鑄成，月華披頭散髮、衣衫凌亂的奔回婚禮的大堂，斷然取消原有的婚配，而呂麟也俯拜地上跪求懲治——這個場景大膽破格的地方有二：一是「逆反倫常」的編演，二十歲的月華原先企圖下嫁五十歲、屬於父輩的男人（即呂麟的師傅東方白），已經是幾近「忘

電影小冊子

《六指琴魔（共三集）》，1965 年。

年戀」的安排，招來江湖人士譏笑「一樹梨花壓海棠」的前衛對白，名義上月華將會成為呂麟的「師母」，於是二人的「苟合」不但有虧男女之防，也逾越了尊卑身份的禮教，再者，呂麟的年紀比月華小，他/她們的匹配其實也是「姐弟戀」；二是經由反串的男角跟女角合演的「情慾交歡」，暗度陳倉的不單是不能映現銀幕的「暗場」畫面，還有兩個女子的「女女」廝磨！至此，女演員通過「易服」，擊敗了男性主導的江湖規矩，排除了禁忌的防線，成功的越禮、逆倫，帶動非常酷兒的情態。總括而言，倪匡原著、陳烈品導演的《六指琴魔》已經開始樹立了「新派武俠電影」的先河，六根指頭的琴魔、毀容的赫青花、長生不老的東方白、臉有黑色胎痣的鬼奴等等，全是鬼氣森森的人物，而憑藉北派武術和粵劇功架的男女主角陳寶珠與李居安，大部份時候都是真身上陣，不用替身，在風格化的鏡頭設計下連續的轉身、翻騰、踢腿、對打，皆利落自然、青春勃發，而且劇情一再逆轉，師母變成妻子，最終仍是團圓結局，既出乎意料之外，又合乎大眾美好的想望！

拍攝於一九六七至一九六八年間的《天劍絕刀》，同樣也是陳烈品的作品，分成上下兩集，但這一趟反串男角的陳寶珠不配蕭芳芳或李居安，而是夥拍當時另一擅演武俠魔女的演員雪妮。故事講述白鶴堡左氏一家被嫁禍殺害武林四大門派的掌門而被迫逃亡，陳寶珠飾演兒子左少白，從七歲開始跟隨家人亡命天涯，流徙八年，十五歲的時候按捺不住質

《天劍絕刀（上、下集）》，1967 至 1968 年。

問父母是否曾有過失而招致禍端，後來九大派四門三會兩幫帶領人馬追至生死橋，左氏滿門蒙難，獨留左少白一人冒險走過山嵐瘴氣的危崖，得遇高人指點學成「天劍」和「絕刀」兩門武藝，並且授予「仁俠之風」的教誨；學成之後，左少白轉眼成年，再現江湖尋覓真兇和徹查真相，經歷一番險阻，既尋回失散未死的姐姐左文娟（李居安飾），復又跟年輕俠士張玉瑤（雪妮飾）與黃榮（曾江飾）、盲啞姐妹范雪君（羅愛嫦飾）與范雪儀（王愛明飾）等組成「金刀幫」，成功搗破了野心家的陰謀，為家人報仇，挽救了一場武林浩劫。

《天劍絕刀》是一部彩色影片，雖然年月久遠，色彩有點剝褪，但仍然可見陳寶珠反串的容貌跟黑白時代有點不同，由早期的「幼眉」轉為「粗眉」，眼影較深，輪廓更見分明，在靈秀以外多了幾分江湖滄桑的陽剛氣質，加上她有深厚的戲曲底子，無論台步還是關目的運轉皆具大將之風，氣宇軒昂，而更重要的是她的説白充滿抑揚頓挫的節奏，咬字清晰，語態清朗而不含糊，尤其是較低沉的聲線，不但宜於男角，而且在質問敵人或義正嚴詞的時候能夠表現氣勢與儀範，讓人擊節讚賞，直把身旁其他男角像曾江給比下去！作為「復仇者」，陳寶珠演繹的左少白漸進的成長，在是非淆亂、黑白顛倒的江湖世界中，雖然身負血海深仇，但仍然能夠明辨善惡、律己恕人、儆惡懲奸，維護武林公義，這樣的角色設計，進一步將陳寶珠的正面形象推向普及的層面。

影評人黃志輝曾經讚譽陳烈品的導演技巧純熟，場面調度、意象運用和氣氛營造皆是一部勝過一部，《天劍絕刀》中描寫左少白的少年迷惘、學成後直闖少林，節奏乾淨利落，展現另一種武俠氛圍，即使仍是「復仇」的故事，但左少白在情節的推移中逐漸遠離「仇恨」，蛻變而成擁有仁義心腸的少年俠客，完成了個人成長、獨自面對外在世界的過程（四七—五二）。另一位影評人蒲鋒也指出，陳烈品對香港武俠電影的重要貢獻是「提拔新人」，在演員的任用上，他最先實行年輕化，在前一輩或前一代的武俠影星像曹達華、于素秋之間，大膽起用陳寶珠、馮寶寶、雪妮、李居安、曾江等等，為影壇注入新血，同時也更新了粵語電影的視覺感官，而陳寶珠在《六指琴魔》和《天劍絕刀》的演出，不單只是展現了新鮮的臉孔，而是表述了年輕的情懷（八五—八八）。從這些電影發展的脈絡看，陳寶珠的「武俠反串」跟她的「玉女形象」相輔相成，都是發放青春、勇闖世界的標誌，因而互相扣連形成「陳寶珠」無堅不摧的效應！事實上，從老成持重的曹達華落入坦率灑脫的陳寶珠，銀幕上的「俠士」形象也翻了一番，從遵從宗法與父權的系統逐漸逆反了走向，細看《武林聖火令》、《六指琴魔》和《天劍絕刀》，上一代的父親或師傅不是無力保護自己以致家破人亡，便是恪守舊規以致冥頑不靈，而代表新世代的陳寶珠帶動了改革、清除了舊恨、扶正了失序，有時候甚至不惜逆倫反向來撥亂反正，把持的便是一股青春的能量！

## 結語：「反串」作為長青不老的容顏

粵劇文武生出身的陳寶珠，「反串」的扮裝橫跨不同電影類型，在時裝喜劇像《迷人小鳥》（一九六七）與《梅蘭菊竹》（一九六八）當中，「男相」的出現只是為了權宜之計，或為了進行不為人知的勾當，或為了探測敵方動靜而掩飾身份，說穿了都是為了喜劇發笑的效果，「穿崩」、「不神似」是其賣點，而導演為了迎合觀眾愛看陳寶珠時男時女的造型，會不顧劇情的邏輯來胡亂堆砌「易裝」的場面，或一人分飾兩角，同時加入歌舞片段，讓男女主角無緣無故的又唱又跳，卻沒有前因後果的鋪排；另一類「女扮男裝」的類型是現代俠盜電影，像「黑野貓」系列，陳寶珠為了探案，不單扮男生，還扮流氓、司機、送貨員、警察等等，這些「假裝」讓她穿上西裝、唐裝衣衫或制服，顯露不同的男性形態，但由於在時裝的扮相中，陳寶珠的「玉女」味道濃重，即使「易服」仍然散發青春的「女兒態」，但導演這些安排的目的不在於建構陳寶珠的男兒特質，說服觀眾相信眼前的「女子」就是「男人」，而是為了展示「女明星」的百變形象，於是，演的和看的也不必認真了！何況這些時裝喜劇或俠盜影片，重要的主題還是離不開女主角尋覓真愛的浪漫情懷，「易裝」只是點綴而不是重點。最後一個易裝類型是戲曲片，返回陳寶珠原有的基礎訓練，照看應該是得心應手的，奈何先天條件的限制，像身高、身段、聲底和樣貌，任算她如何俊俏也無法媲美其師任劍輝的風流倜儻與長身玉立，例如她主演的《七彩胡不歸》（一九六六），飾演侍母至孝的男角文萍生，跟不懂粵劇身段、需要幕後代唱的蕭芳芳配成一對，便顯得心有餘而力不足，即使穿上戎裝施展武藝，但苦情的畫面不斷哭哭鬧鬧的拖拖拉拉，也令陳寶珠原有勇武的功架無從發揮，難怪羅卡也批評說：「陳寶珠古裝扮相俊俏，演來癡情十足，只嫌脂粉味稍濃」（躁動的一代，一五九）。陳寶珠另一部戲曲代表作是《再世紅梅記》（一九六八），以小生行當演出書生裴禹，並由南紅分飾女主角李慧娘與盧昭容，但由於南紅在外形上顯得成熟而老成，跟陳寶珠拼合一起總予人格格不入之感，尤有甚者，這些戲曲人物既要癡情無限，又要經歷人世滄桑，必要時候甚至要帶有情色的挑逗，面對權威壓迫時更要不屈不撓的擺出尊嚴對付，陳寶珠演來青春有餘、深度和力度不足，無法呈現主角複雜的心理情緒；例如他初見李慧娘的驚艷、後見盧昭容同貌的錯愕，雖能表達癡纏的繾綣，卻稍欠情挑倩女的風流，又例如他為救昭容脫離好色宰相的魔掌，刻意的奉承、故意的瞞騙，活潑靈動之中還不夠狡猾慧黠，歸根到底，是過於年輕的她擅演少年角色，缺乏一股「大丈夫」的男子氣概，不及其師任劍輝來自「小武」技藝的「火」，以「武生」形態演出「文藝言情」的場口，同時也沒有戰亂走難的經歷而難以負載角色歷劫生死的質感。基於這些評價和考量，陳寶珠最成功的「反串」還是武俠類型，「俠士」的古裝打扮免除了過於「女兒態」和「脂粉味」的成份，「少年俠士」的原型人物正好配合陳寶珠青澀的「男孩子氣」（boyishness），而武打的場景又供她發揮北派武術和粵劇功架的機會，因而成就最大。

一九九八年，退出銀幕二十六年的陳寶珠復出舞台，八年之間先後演出三個「反串」劇目：《劍雪浮生》是任劍輝、白雪仙與唐滌生的改編傳奇，陳寶珠擔演師傅任劍輝的角色；《煙雨紅船》關於戲班飄離的生活與奮鬥成功的故事，陳寶珠飾演女文武生靚俏佳；《天之驕子》取材清代陳端生的長篇彈詞《再生緣》，講述元代女狀元孟麗君因「性別易裝」的錯置而鬧出的愛情紛爭，陳寶珠又是男裝、又是女裝的交替演出。這些復出的劇目，全是看準了陳寶珠的「本色」風格、市場的懷舊熱潮而度身訂造，影評人石琪指出那些奇情的橋段「使陳寶珠發揮了雙性形象和粵劇專長」[9]，而舞台劇演員和評論人梵谷則說：「陳寶珠以女角身份出場時，因過份收斂自己的能量而變得光彩暗淡，但改作男兒身段時，那一身功架即時讓她鮮活起來，舞台形象亦即時變得巨大而活潑。」[10] 從一九九八到二〇〇

《劍雪浮生》，1999 年。

六年，我持續追看了陳寶珠這三個原創的舞台劇目，很同意石琪和梵谷的判斷，陳寶珠演出女角時候高音的音量不夠，身段亦過於瘦削而欠缺婀娜多姿，又或許不慣演出花旦的戲份而顯得拘謹，相反的，經歷了歲月的洗磨，年屆「知命之年」的她聲線漸趨沉厚、流暢而順滑，隱隱有「任（劍輝）腔」的風味和調子，不再青澀的小子長成了一代伶星的儀表，流露另一種風流蘊藉的「男色」與「男相」！二〇一〇年之後，陳寶珠進一步代替任劍輝的嫡傳弟子龍劍笙，夥拍白雪仙的徒弟梅雪詩，演出多齣「任白」戲寶，包括《紅樓夢》（二〇一二）與《再世紅梅記》（二〇一四），技藝純熟的她經由白雪仙的親自傳授與監督，舞台上給人脫胎換骨的感覺，現場甚至有資深戲迷認為「她」的反串再現，在唱腔和做手上，比龍劍笙有過之而無不及！我無意比較陳寶珠與龍劍笙孰優孰劣的藝術造詣，但坐在劇院內，耳聞目睹一個曾經叱咤於六十年代電影黃金時代的明星，以「男裝」再度復現於舞台璀璨的燈光下，便更能確定當年華逝去、玉女不再的時候，「性別易裝」是某類女子繼續游走江湖的武器，當年一手天劍、一手絕刀的俠士，如今披上書生、武將或狀元的戲服，仍舊揮灑她的男性曲調，便有理由相信，這才是讓她「長青不老」的神話！

# 註

1 有關中國傳統俠義的論述及其歷史流變，可以參考林年同的〈譚俠〉和古兆奉的〈傳統觀念在刀劍武俠片的表現〉；至於「俠女」文類，在中國傳統的書寫裏最具代表的是唐傳奇的聶隱娘與紅拂女，在當代電影的形構下有胡金銓的《俠女》和侯孝賢的《聶隱娘》。

2 有關「弱女」與「魔女」的詳細分析，以及男性小説家的批判，見古兆奉〈傳統觀念在刀劍武俠片的表現〉的轉引和解説。

3 五六十年代的香港電影圈流行「結拜」之風，先後結義的有八牡丹、九大姐，一九六五年元宵，七位當時得令的女演員義結金蘭，依次序是馮素波、沈芝華、陳寶珠、蕭芳芳、薛家燕、王愛明和馮寶寶，號稱「七公主」；一九六七年電影公司開拍以《七公主》命名和演出的武俠電影，當中由沈芝華、陳寶珠、薛家燕和馮寶寶「反串」男角，陳寶珠是重要角色。詳細記載見盧子英編輯《彩色青春：影迷公主陳寶珠畫冊》，頁五四－五九。

4 張結鳳研究陳寶珠的專書資料豐富、行文充滿戲迷的感情，但在處理西方性別和電影理論的時候，常有生吞活剝的弊病，尤其是引用西方學者的論述，意圖將「雌雄同體」的觀念納入中國古典哲學的脈絡裏，卻沒有釐清兩者的異同；此外，她對「雌雄同體」概念的研讀，只停留於「女性主義」單一的範疇，而未能下及「酷兒理論」的開拓。

5 個人認為，香港電影女扮男裝的形相中，以梅艷芳最能達到「雌雄同體」的化境。

6 羅卡在〈陳寶珠、蕭芳芳感動篇〉一文中，記述他在一九六六和一九九六年分別觀賞《姑娘十八一朵花》的現場境況：當時的三十年前，「四周盡是十來二十歲的青少年，她們都興奮地帶着有似朝聖的心情等待偶像陳寶珠出現」，三十年後，「放眼四周，女性觀眾佔大多數，少年、青年、中年都有。這是電影節的放映，但觀眾反應依然熱烈」（二〇五）。

7 見於陳寶珠的訪問：〈陳寶珠：五十七歲的優雅〉，香港：《蘋果日報》，二〇〇三年十一月九日，版A10。

8 關於陳寶珠首部參演的電影資料，見《香港武俠電影研究一九四五—一九八〇》的演員簡介，頁二三〇。

9 石琪：〈半唐番雙性孟麗君〉，香港：《明報》，二〇〇六年八月三日，版C9。

10 梵谷：〈舞台與「我」〉，香港：《信報》，二〇〇六年九月九日，版26。

**轉載自洛楓：《游離色相：香港電影的女扮男裝》，香港：三聯書店，二〇一六年。**

# 談陳寶珠文藝片

蒲鋒

對於陳寶珠電影的記憶，歌曲可能比影像更深入民心。人們總會聽過陳寶珠的電影名曲〈女殺手〉、〈勸君惜光陰〉和〈工廠妹萬歲〉，卻未必看過這些名曲源出的影片《女殺手》（一九六六）、《彩色青春》（一九六六）和《郎如春日風》（一九六九）。特別《女殺手》和《彩色青春》幾近失傳，在近三十年公眾不易得見。要到二〇一一年香港電影資料館修復了《彩色青春》放映並出版了DVD，一般人才有看到《彩》片的機會。憑電影歌曲來認識影片是片面甚至有可能誤導的。六十年代粵語電影中的歌曲和舞蹈，很多時僅是一種娛樂表演，不少從原來的戲劇情景抽離出來，與影片劇情牽連不深甚且無關。聽電影歌曲〈工廠妹萬歲〉，很難想像得到影片《郎如春日風》是一部劇情繁複的文藝片，講富家小姐家財被弟弟盡騙，跑到香港辛苦當工廠女工供情人讀完大學，還險些逃不出弟弟魔掌，幾乎被他的債主所姦。

同樣的，〈勸君惜光陰〉中「青春，真可愛青春」，這句歌詞總被人當作六十年代粵語片的青春時代來臨的象徵口號，但看一看《彩色青春》，就會發現影片可並不怎樣認同「青春」這個詞。《彩色青春》出現的一九六六年確是香港粵語片轉折性的一年。因為陳寶珠和蕭芳芳在這一年，憑《影迷公主》、《少女心》、《彩色青春》和《姑娘十八一朵花》等一系列志聯影業有限公司出品的影片，建立出青春偶像的地位。而跟着的數年，單從片名計，有《青春之戀》（一九六七，蕭芳芳）、《青春兒女》（一九六七，蕭芳芳）、《莫負青春》（一九六七，陳寶珠）、《青春歌后》（一九六八，薛家燕）、《青春玫瑰》（一九六八，陳寶珠）、《青春戀歌》（一九六八，蕭芳芳）、《冷暖青春》（一九六九，朱江），可說是「青春」當道，「青春」之外，還有一大串「玉女」為題的影片。但是當我們不止看標題，而是細看影片內容，將會發覺，這幾年由青春偶像主演，以年輕人為題

《姑娘十八一朵花》，1966 年。

材的影片，表面上雖有青春氣息，但對青春的看法，既不是欣賞歌頌，也不是理解認同，內裏是成年人的感性和世界觀去看青春，盡是不滿，只想教訓年輕人。因為儘管幕前演出的是青春玉女，幕後的編劇導演，卻都是年紀一大把的中年人。就好像〈勸君惜光陰〉後來的歌詞：「韶華任虛度你終身抱憾，年齡漸衰弱你必遭惡運，奉勸君盡努力求學，在社會他朝擔肩重任，諸君！教育撫養賴乎雙親，應當報親恩，應當記親心一番示訓，莫負你好青春，惜光陰。」這不是為年輕人自己的歌曲，而是成年人對年輕人的教誨訓導。我們看那個年代的「青春片」，看到的不是那個年代的青春氣息，倒是看到那個年代的電影人（也或多或少代表了當時的成年人）與年輕人有着多麼大的距離，連用心理解都談不上。

這種距離既關乎編劇導演對年輕人的心態，也關乎他們承襲的固有電影理念。粵語片後期的導演，是五十年代粵語片圈培育出來的一群，除了極少數像龍剛有着改革者的氣魄外，他們仍襲用着五十年代（甚至可上溯至四十年代）的電影理念，他們腦海中並沒有一種有其獨特故事方式的「青春片」。他們拍的，只是由新一輩青春演員主演的文藝片和愛情喜劇，然後再在影片中穿插一些唱歌跳舞場面，便構成了「青春歌舞片」。[1] 這些「青春歌舞片」對歌舞場面的安排，多接近「後台歌舞片」的方式，歌舞場面不單表演給銀幕下的觀眾，也是角色在戲劇時空內的一場表演，而不像荷里活成熟期的歌舞片那樣歌舞可以跳出舞台，任何情景下均可載歌載舞，成為氣氛和心境的一種呈現。這種以表演形式來呈現歌舞的典型例子有《金色聖誕夜》（一九六七）。影片一開場是香港所無的雪景，歐洲式的房屋，呂奇與陳寶珠是一對父女，總共用了二十多分鐘演出一場歌舞和戲劇，然後才揭穿剛才不過是一部教會拍攝的聖誕電影。整段戲與陳寶珠飾演的主角張麗後來加入影圈被迫拍脫戲而瘋癲的主要故事關係十分薄弱。不單歌舞表演與故事牽連薄弱，有時歌曲的歡快氣氛和主戲的感傷情緒更是生硬地湊在一起。像《花月佳期》（一九六七），陳寶珠飾演的李靜如寄居姨母容玉意家，容玉意呼喝叱罵她一如惡主對下人。陳寶珠在主戲中飽受侮辱和情傷，包括被容玉意迎面潑鮮奶羞辱，異常煽動人情緒。但是影片不時跳入李靜如的幻想片段，與人扮的洗衫板、熨斗、掃帚、雞毛掃一起唱歌跳舞，另一場則是幻想與情郎呂奇漫遊世界，跳着不同國家風味的舞蹈。悽慘煽情和歡樂歌舞的穿插直教人哭笑不得。荷里活的「後台歌舞片」都以愛情喜劇作故事的底子，以達到故事終結時，歡快歌舞表演與戲劇上的愛情圓滿互相配合，相得益彰。但是這個時期的粵語青春歌舞片，固然有不少愛情喜劇，但也有很多情節感傷悽酸的文藝片故事，只在完場前勉力變成大團圓結局，這種對文藝片的執着，關乎是整個粵語片的傳統。

一直以來，文藝片都是粵語片的重要主流。就以現存不到二十部的淪陷前完成的粵語片

《花月佳期》，1967 年。

而言，文藝片便佔了相當的比例。自晚清哀情小說、民國鴛鴦蝴蝶派小說，都有着視悲為美的感傷傳統，[2]當中又特別多以女性的悲慘命運來打動讀者和觀眾的。香港粵語片很明顯也活在這個近代傳統下，就以存世的淪陷前香港粵片看，《女性之光》（一九三七）女主角李綺年要不斷逃避男性逼婚騙婚的慘況，連帶下一代也一樣；《銷魂大姐》（一九三八）中陳雲裳打住家工與少爺發生關係，結果珠胎暗結還慘遭趕逐；《蓬門碧玉》（一九四二）更是個茶花女的愛情故事變奏。這些都是這個近代傳統體現在粵語片中的明證。復員後香港粵語片（其實國語片也一樣）也出現大量文藝片。五十年代最有地位的中聯公司便是以文藝片起家。延及後來秦劍主理的光藝公司及張瑛主理的華僑公司，其成名出品也是文藝片，文藝片也一直佔據公司出品重要的份額。六十年代，在陳寶珠和蕭芳芳走紅之前，南紅和呂奇已合演過賣座的言情文藝片《公子多情》（一九六五）。到六十年代後期，陳寶珠和蕭芳芳成名後，文藝片也依然是一個重要類型。一九六六年陳寶珠成名後，什麼戲也都演，除了古裝武俠片、時裝俠義打鬥片、喜劇之外，也演了大量文藝片，或以文藝片劇情作基礎的「青春歌舞片」。

要了解粵語文藝片，一定要認識一部對中國言情小說及文藝片都影響深遠的外國名著——《茶花女》（*La dame aux camélias*）。林紓翻譯小仲馬的《巴黎茶花女遺事》出版於一八九九年。故事講述巴黎名妓馬克格尼爾，綽號茶花女，與純真的青年亞猛熱戀，為了亞猛，本已立心洗淨鉛華，過清貧的生活。亞猛的父親知道戀情後，單獨找茶花女。他本來以為茶花女是貪財，見她非為錢財，便婉言以亞猛將因他們的戀情而前途盡毀，還會累及亞猛妹妹的婚事。茶花女被他説動，留書亞猛與他分手。亞猛以為茶花女絕情，心中憤恨，刻意親近茶花女的同伴倭蘭，與她到處出雙入對以氣茶花女，茶花女也不作辯白，直到她悲慘地死去後，亞猛才從她的遺書知道真相。[3] 值得注意的，是原著中並無著名的父親提出付支票給茶花女着她離開被她撕掉的情節。[4] 再比較嘉寶（Greta Garbo）與羅拔泰萊（Robert Taylor）演出的著名美國片《茶花女》（*Camille*, 1936），也依然沒有這個情節。另外一個重要情節：以為茶花女水性楊花負情，被怒火遮蔽了理智的亞猛，到俱樂部與茶花女獨會，出言奚落她，再用錢猛力扔她。這個情節也是小仲馬原著所無，它是威爾第改編的《茶花女》歌劇中創作的，而嘉寶的荷里活電影版也採用了。這兩個原著所無的情節，一直存在於中國流傳的「茶花女故事」中。《巴黎茶花女遺事》描寫的愛情悲劇，與過去的中國愛情描寫大異，一時風行中國，不少文人都曾述如何受其感動，它對其後的中國言情小説也有着極之重要的影響。[5]

《茶花女》為中國言情文藝片和小説，創立了女主角為愛郎犧牲自己的崇高愛情表現。

《茶花女》的重要情節也像戲曲的一些固定程式，成為五六十年代香港及台灣常見的重要橋段，包括：亞猛之父見茶花女時，先是帶侮辱地開出支票要求她離開亞猛（這裏指的是中國流傳的茶花女故事）；再懇求她以亞猛前途着想成功説服茶花女放棄亞猛；亞猛目睹茶花女重操舊業與客親暱，對她怨恨心死；遭怨恨淹蓋的亞猛用盡方法奚落茶花女。當中最重心的橋段是茶花女為了愛郎的前途，犧牲自己成全愛郎，甘心背負情郎的怨恨。早在淪陷前完成的影片《癡兒女》（一九四三），吳楚帆已曾演過不知道妻子白燕為自己犧牲，到舞廳去用錢侮辱她的情節。同樣的情節，在粵語片中非常容易見到。楚原導演的《原來我負卿》（一九六五）中，謝賢便也在不知情下，用錢去當眾奚落有恩於他的嘉玲。熟悉了《茶花女》的情節，便會見到它對粵語文藝片影響的深廣，沒有第二部作品比得上。6

在陳寶珠主演的文藝片中，受《茶花女》影響彰彰甚明的便有《愛他、想他、恨她》（一九六八）和《青春玫瑰》（一九六八）。《愛他、想他、恨她》中，丁美華（陳寶珠飾）誤信好友謊言，以為自己患了絕症。為了助愛郎王家良（呂奇飾）未來有美滿婚姻，便扮作愛上另一個男人。王家良見她水性楊花，便不擇手段賺錢致富，然後找機會用錢來羞辱丁美華。美華自我犧牲裝負心騙愛郎，愛郎狠狠的用錢來當眾報復，顯然都出自《茶花女》。至於《青春玫瑰》，沒有裝負心的情節，但依然是女主角的犧牲反惹羞辱。何少萍（陳寶珠飾）的男友李漢忠（胡楓飾）赴海外升學，漢忠在港的母親病重，少萍為免漢忠讀書分心，便不告訴他，自己做吧女籌錢給他母親看病。漢忠學成回來後，聽信小人讒言，以為少萍貪錢，自甘墮落做吧女，於是跑去夜總會侮辱她，恥笑她是「殘花敗柳」。看到兩部影片高潮的悽酸戲，女主角苦在心頭口難開，《茶花女》的影響實在非常明顯。楚原在《紫色風雨夜》（一九六八）中，用謝賢之口談世界名著，便免不了提到《茶花女》。

《旺財嫂》（一九六七）則是另一個文藝片慣常的故事。陳旺財（張清飾）赴城市打工，妻子蘭珍（陳寶珠飾）留在鄉下照顧其母。蘭珍在鄉下飽受環境折磨，後來逃出鄉下尋找旺財，找不到之餘只好在城市做酒樓女侍應，生活困苦。旺財在城市卻另結新歡，得富家女垂青。旺財在蘭珍工作的地方擺酒結婚，蘭珍尋獲丈夫一刻正是他另娶他人之時。旺財貪戀富貴，只想拋棄糟糠。這個故事上承戲曲《琵琶記》趙五娘千里尋夫的故事，經戰後名作《一江春水向東流》，加上很多近代細節，粵語片之前也已數度改編。來到一九六七年，陳寶珠雖然以青春姿態成了新一代紅星，但《旺財嫂》依然搬演這個長期翻用的文藝片故事。至於另一部《小媳婦》（一九六七），陳寶珠飾演一個童養媳，由於出身家貧，被家婆容玉意（又是容玉意，她那時演的角色最大作用就是惡毒地折磨陳寶珠）日夜打罵，陳只有逆來順受的份兒，連逃跑也不敢。這種用婦女悽慘的命運來批判壞風俗，反封建的

《旺財嫂》，1967 年。

文藝片，是中聯公司《家》（一九五三）的延續，只是在一九六七年城市化的香港，童養媳的習俗幾已消失殆盡，寫童養媳的慘況並沒有多少現實意義，只是在一種既定的故事模式中製造悲情傷感。六十年代後期喜歡大團圓結局，於是本來悲情的困局卻會忽然得到「一天都光晒」的方式解決，這令到那時的影片往往出現結局突兀牽強的通病。

回顧陳寶珠當紅的生涯，文藝片佔有挺重要的份量。她第一部成長為現代玉女的影片是《玉女含冤》（一九六六），雖然是部打鬥、歌唱、喜劇什麼都混在一起的電影，但基本橋段仍是文藝片。故事說陳寶珠為了救父親，不惜說謊代父認罪，結果連父親都騙了，罵她有辱自己多年清譽，一個茶花女式犧牲自我含冤莫白的情景，只是由為情郎改作為父親。陳當紅時有《孝女珠珠》（一九六六）、《情竇初開》（一九六七）和《莫負青春》（一九六七）等影片，後期則有《郎如春日風》（一九六九）和《不敢回家的少女》（一九七〇）等文藝演出。粵語文藝片，以女主角的悲慘遭遇來獲得觀眾關心同情，其中一個常用的橋段，是讓女主角被壞男人迷姦強姦逼姦，陳寶珠在文藝片中也常演出這樣的情節，雖然多以迷姦不遂作為調節，但已足夠產生對角色的精神傷害敍事作用。包含陳寶珠被迷姦不遂場面的影片包括《莫忘今宵》（一九六六）、《莫負青春》（一九六七）、《蔓莉蔓莉我愛你》（一九六九）和《郎如春日風》（一九六九），《金色聖誕夜》（一九六七）

《莫忘今宵》，1966 年。

中麥基的迷姦還成功了。儘管陳寶珠在女殺手女神探女金剛片中大展拳腳痛打壞人，但另一方面，在文藝片中，她又常被壞男人欺負。六十年代的觀眾，對大部份演員的演出要求都相當定型，不大接受她們脱離慣常的演出，但陳寶珠可以女殺星和弱女兩個形象並存，由此可見其觀眾對她接受之深，擁戴之強。

我們還可以在文藝片中看到陳寶珠和蕭芳芳形象上的關鍵性分別。前輩羅卡曾指出二人形象的不同：「兩人的銀幕性格卻各有不同，自身性格就更多殊異。陳寶珠比較中性化，比較接近草根階層，比較樸實、溫和及保守。蕭芳芳則傾向女性一面，較接近中產階層，呈現洋化、趨時、飛揚急進的性格。」[7]這個觀察自是精確。但在二人當紅的那幾年，她們幾乎包辦了粵語片所有類型的女主角，由古裝武俠片、現代女俠片、言情和倫理文藝片、愛情喜劇全部照演，玉女、飛賊、殺星、女俠二人全都演完又演。蕭芳芳以舞聞名，但陳寶珠也一樣在電影中大展舞姿。陳寶珠由少年時期便開始反串，但蕭芳芳當紅時也照樣演女扮男裝的角色（例如《金鷗》）。在武俠片、現代女俠片和喜劇中，二人演出的角色是高度雷同，相當接近的。二人形象上的不同，主要就體現在文藝片的演出中。

在當紅時期，蕭芳芳像陳寶珠一樣演了不少文藝片，但是陳寶珠某些文藝片角色，卻好像從沒有落在蕭芳芳身上。最佳例子是《小媳婦》和《旺財嫂》這種封建社會犧牲者的角色，蕭芳芳在一九六六年後從沒演過。《茶花女》那種自我犧牲，受自己愛人羞辱苦在心裏的場面，她也應只演過一次，那是在動作片《血染鐵魔掌》（一九六七）中，罵她「見異思遷的賤人」的是呂奇。相反，她更多演新派的文藝片，她那個時代的代表作亦在這批影片。像楚原的《冬戀》（一九六八）和《紫色風雨夜》（一九六八），龍剛的《窗》（一九六八）和《飛女正傳》（一九六九）。她固然也可以犧牲像《冬戀》，純良像《窗》，但在《紫色風雨夜》中她是有追求的舞蹈家，對愛情更非常大膽主動；《飛女正傳》中她更演家庭有問題的失足少女，不折不扣的「飛女」，這就都不是陳寶珠會演的角色。陳寶珠在〈工廠妹萬歲〉大唱：「奉勸飛女，盡快改過學吓工廠少女。工廠妹真快活，所有麻煩盡除。啲飛女學懶兼貪靚食宿靠滾去維持。」兩人形象的分野，在此最能表露。

作為明星，陳寶珠大體上一直維持着純良孝義的形象。在《莫負青春》中演驕縱的富家女，已是少有「不乖」的演出，但依然不失純良，一經教導便會糾正過錯。更多時，她是孝義的女兒，為了父母及家庭，甘願自我犧牲。好像《孝女珠珠》由於瘋子母親被壞蛋控制了，她不惜成為對方的搖錢樹。《金色聖誕夜》她有個貪財險惡的後母，但她依然順從，甘於受擺佈。楊權導演的《不敢回家的少女》（一九七〇）是像《飛女正傳》那樣的探討社會問題少女的影片，但陳寶珠的角色保持孝義，只是為了家計才私下跑去做吧女，絕不像蕭芳芳《飛女正傳》中反叛暴烈。蕭芳芳也不僅《飛女正傳》才演行差踏錯的問題少女。陳雲導演的《青春之戀》（一九六七）中，蕭芳芳的角色由於情傷而放縱自己，《浪子佳人》（一九六八）中則錯愛壞人謝賢，幾乎墮入火坑。陳雲慣於用蕭洋化的一面，來作為年輕人需要教導的反面教材。陳寶珠在戲中被人迷姦總是無辜的，而蕭則常有自己失足的情節。而儘管那時的文藝片都在着力描寫陳寶珠孝義純良，但劇本往往把她的善良刻劃到接近愚拙，連怎樣保護自己的心智也沒有。《郎如春日風》中弟弟一番虛情假意的話便騙盡她所有家財，還起不到教育弟弟的效果便是一個最明顯的例子。這正是粵語文藝片的傳統，主角的「正面」質素不是建立在其能力上，而是建立在其存心的善良上。隨着七十年代香港社會經濟越趨發展，講求實際效果，粵語文藝片這種只求立心善良，不講求人物具有智慧和能力的劇情處理，便顯得膚淺幼稚甚至可笑了。

女殺手、工廠妹、青春歌舞，一直是今天人們提及陳寶珠及六十年代後期粵語片的典型印象，但假如不去了解當時也依然是重要類型的文藝片，對陳寶珠及那個年代的了解將會是殘缺不全的。認真探究當時的文藝片，的確令我們見到陳寶珠當時的另一面，這一面對她的明星形象，可說是相反也相成。

# 註

1 有關六十年代後期的粵語青春片，詳細的分析請參考拙文：〈六十年代「青春片」初識〉，《HKinema》，第二十四期，二〇一三年十月，頁一四－一六。

2 詳參趙孝萱：〈才子情淚、兒女愁多——民初小說的感傷特質與時恣性特徵〉，《鴛鴦蝴蝶派新論》，宜蘭：佛光人文社會學院，二〇〇二年，頁一〇一－一四五。

3 故事整理自小仲馬著，林紓、王壽昌翻譯：《巴黎茶花女遺事》，北京：商務印書館，一九八一年。

4 林紓在亞猛父訪馬克一段的描寫如下：「亞猛去一點鐘後，翁來矣。翁來色甚厲，談吐處閱歷甚深，以為勾欄人蓄機械心，深險如消金之窟，偶近其人，非力朘膏血不止。其始寓書時，詞義尚工，及來時色加厲，語加峻，赫然不可近，言語咸挾針鋒。余對以此屋為余家，有自主之權。不能不以理自剖，翁聞言，色少霽，乃謂余以翁垂老之年，不能睜眼觀其子為婦人盡破其產，以余雖極美，何得以一人之美，陷一精壯有用之少年似此。余只得以一言辯之，請余自與亞猛交，從未逾格費其一金。於是盡出質帖及還債之收條，畢以示翁，剖余盡棄家具，正欲同亞猛賃小屋自活，良不欲多所靡費耳。且告翁以余二人安樂投契事，未嘗縱恣浪游。翁悟，乃執余手，道其悔心，並以慰余。」小仲馬著，林紓、王壽昌翻譯：《巴黎茶花女遺事》，北京：商務印書館，一九八一年，頁七三－七四。我亦參考了 David Coward 的英文全譯本，林紓在這裏並無刪去任何付支票的情節。

5 有關林紓譯《巴黎茶花女遺事》在中國小說的影響，可參考韓洪峰：《林譯小說研究：兼論林紓自撰小說與傳奇》，北京：中國社會科學出版社，二〇〇五年，頁一三三－一四二。

6 有關《茶花女》對中國文藝片的影響，請參二〇一六年十月十五日，本人發表於「半世紀的浪漫——瓊瑤電影學術研討會」的論文：〈「茶花女」時代的終結：瓊瑤與台港言情文藝片的變革〉。

7 羅卡編：《陳寶珠 vs 蕭芳芳》，香港：明窗出版有限公司，一九九六年，頁四。

# 工廠妹萬歲——從陳寶珠電影看香港工人身份的形成

蘇耀昌

## 一、香港工人集體身份的壓抑：一個假說

我將香港工人集體身份的演變劃分為兩個階段，一是建立期（一九五〇—一九七九）、二是壓抑期（一九八〇—二〇〇三）。

第一階段又分為前期（一九五〇—一九六七）及後期（一九六八—一九七九），分水

嶺是一九六七年暴動。「六七」前，儘管左派受殖民地政府壓抑，社會矛盾仍令工運有長足發展。工運形成左右派對峙。「六七」後，左派受鎮壓，再經一九七六年四人幫被捕，陷消沉狀態。左派工運讓路獨立工運。在此階段，隨着工業發展，工運龍頭逐漸由五十年代傳統的洋務、船塢工會，讓位於六十年代紡織染、五金等工會。

第二階段也劃分為前期（一九八〇—一九九七）及後期（一九九七—二〇〇三）。前期新中產工運崛起。隨着公營及資助部門擴大，社工、教師、公務員、大企業工會成為獨立工運核心。八十年代工業北移，催迫備受打擊的製造業工會活躍（如電子及製衣）。但脆弱的工人集體身份受香港前途問題打亂，中產焦慮成為社會主題，再經「八九民運」及移民潮，工人集體身份被抑壓，無法成為一種有效的認同。

在第二階段後期，經濟危機及新自由主義政策令就業進一步零散化，工人更難形成集體。左派工會復蘇，與獨立工會角力，工運分裂，集體身份更難凝聚。二〇〇三年「七一」後，高失業及剝削，再加官商勾結、政制不民主，激起基層民眾不滿，基層及勞工開始擺脫中產標籤，謀以獨立身份發言⋯⋯

## 二、從電影看香港工人集體身份的形成（一九五〇—一九七九）：一個嘗試

依以上假設，我將電影中的工人形象劃分為兩個時期。第一個時期是工人集體身份建立期（一九五〇—一九七九），有些電影頗具典型，譬如一九五三年的《危樓春曉》，當中吳楚帆扮演之的士司機，從衣服到談吐，都有某種「工人」味道，他的口頭禪是「人人為我，我為人人」。二〇〇七年的《老港正傳》嘗試捕捉這個時代左派工人的故事，但並不成功，因捕捉者本身缺乏這種階級感情。

記憶中，六七十年代左派及右派工人是「有樣睇」的，尤其是左派工人。我有個窮親戚，年輕時加入左派工會，年老時，腰板仍挺得很直，很自信。我不知他／她們有否模仿大陸電影工人或港聯時代吳楚帆的形象。但這種傳統今天沒有了。它的消失不是因為一九六七年「反英抗暴」失敗，而是一九七六年「四人幫」被捕，一個老工聯這樣告訴我。

但《危樓春曉》不直接講「工人階級」，而是講舊樓小市民和衷共濟對抗無良奸商的故事，有認為這是形勢使然。殖民地統治下，工人力量並不強大，北京也未號召香港左派革命，故香港左派只能以人道精神歌頌被壓迫社群的無私不屈。盧偉力稱這是左派社會寫實電影的社群框架（儘管盧分析的是七十年代香港左派電影）。

另一種工人意識也在形成，六十年代陳寶珠電影可作代表。工廠妹往往得償所願，獲太子爺垂青，飛上枝頭變鳳凰，但陳寶珠的女工電影又與別不同。以下先介紹另一套一九六三年林鳳、張英才的《工廠少爺》作一比較。戰後，南來資本帶動香港工業發展，尤以上海資本最重要，當時不少電影都以此為背景。《工廠少爺》以大型紗廠為背景，歌頌資本家勤力致富，工廠太子留學回來，在父廠隱名做工人，最後懲罰廠長，俘獲女工歡心。

在工人主體意識的形塑上，《工廠少爺》與陳寶珠女工電影明顯有別。《工廠少爺》仍是有錢人故事（雖帶有較平等作風，屬現代／西化企業家），電影中心是精明能幹的太子爺，林鳳（女工）只屬襯托，無足輕重；但陳寶珠（女工）卻是她電影的中心，較男角更堅毅。

## 三、陳寶珠電影中的女工形象

並非所有六十年代的陳寶珠電影都講述女工，但相對其她女演員（如蕭芳芳），陳寶珠扮演女工次數最多，並成為她的象徵／電影類型。陳寶珠的女工電影現在比較易找到的包括一九六六年的《影迷公主》（背景是製衣工人）、一九六八年的《青春玫瑰》（眼鏡工人）、一九六九年的《郎如春日風》（五金工人），都反映當時女工從事的行業及電影消費策略。以下試以《郎如春日風》作分析。

電影講述南洋富家女陳寶珠，父死後被弟壓迫，與父親義子亦是其男友的呂奇遠走香港。陳在五金廠做工，供養男友讀大學。陳的電影主題曲〈工廠妹萬歲〉膾炙人口，電影及歌詞均歌頌工廠妹的偉大。其中一幕講述香港中文大學舉辦聖誕舞會，呂邀請陳出席。陳起先亦猶豫，到會後，發現格格不入，大學生西化，屬另一個階級。但憑着陳的載歌載舞，道出工廠妹偉大，竟俘獲一眾大學生歡心。電影中，陳同樣充滿活力，而且較大學生更沉實、自信。

陳的女工電影不特強調女工勤奮養家，更是社會的建設者，沒有工廠妹，就沒有那麼多大學生（家中兄弟學費都由她們供養，呂奇成為這批人的代碼——嚴格來説呂在電影中是陳的兄長，雖然不同父母）。對工廠妹的胼手胝足，電影三次對手作了描述。第一次在陳父未逝時，二人過着無憂無慮的生活，呂捉着陳的手稱讚她的靈巧嬌美。第二次陳與呂落難香港，陳到五金廠做啤工供呂讀書，一次呂拖陳的手，陳感難為。她告訴呂自己不再嬌美，她展開那因為勞動而生滿厚繭的手掌，呂感動不已。最後一次是陳的親生弟弟來到香港，假意向陳懺悔，實際上他破產，欠下損友巨債，而損友一直垂涎陳的美色。弟弟打

雜誌封面

《郎如春日風》，1969 年。

算迷暈陳，被陳發覺，掙扎中弟弟看到陳充滿滄桑的手掌，慚愧不已……

值得注意的是歌詞將工廠妹與飛女互作對比。在六七十年代，飛仔、飛女是電影常見主題，在《郎如春日風》中，陳的弟弟便屬飛仔。他繼承父產，不務正業，整天與一大班年輕人在家中開派對，男女關係隨便。這些行為，從今日角度看，都不值得大驚小怪。但飛仔、飛女最初並非指一般行為不當的青年，而是指行為不當，又受西方流行文化沾染的富家子弟（紈綺子弟），有強烈的階級含意；而《工廠少爺》建構的則是有錢人子弟的進步形象。

## 四、香港有沒有工人階級意識？

隨着六十年代末粵語片式微，講述工人的電影銷聲匿跡。一九七三年的《七十二家房客》被譽為粵語片復蘇之作，繼有許氏兄弟。一九七六年的《半斤八両》被認為是反映打工仔心聲佳作，主題曲流行至今。但《半斤八両》形塑的打工仔，與《郎如春日風》的工廠女工恍如隔世。並不是工廠已經式微，事實上，七十年代香港工業仍在飛騰，但許氏鏡頭下的勞動人民已不在工廠之內，而是演化成護衛、私家偵探的服務業僱員。他們不再以

《郎如春日風》，1969 年。

工人或工廠妹相稱，他們現在的身份是：打工仔。

打工仔不特沒有左派電影的社群框架，也沒有工廠妹的控訴與自制的自豪。對打工仔來說，這些已過於老套。在許氏兄弟鏡頭下，聰明、古惑的打工仔深明老闆剝削之道，故勞資常在鬥法，但他們也認同競爭是資本主義硬道理，恍已被新興經濟同化。

要追溯今日的香港工人意識，不能停留在七十年代。作為一種身份或文化認同，香港工人早已深陷前途問題中催生的中產階級意識。以電影為例，香港中產意識包括對回歸的無奈及恐慌（《投奔怒海》一九八二、《等待黎明》一九八四）、對大陸人的恐懼（《省港奇兵》一九八四）與嘲諷（《表姐妳好嘢》一九九〇）。這亦是九十年代香港中產階級的心理表徵。

回歸後，亞洲金融危機爆發，二〇〇三年七月一日，五十萬人上街，中產媒體及知識分子急不及待宣佈「七一」為中產遊行，並毫不忸怩事後將「中產專業精神」放入香港核心價值之內。如同工人電影消失一樣，香港工人亦失去其身份。

**轉載自《字花》，第二十七期，二〇一〇年。**

# 陳寶珠好年華

黃志華

要是唱片是以銷量論英雄，則在六十年代的粵語流行曲唱片中，陳寶珠的電影唱片是數一數二的。即使論個人唱片的數量，我們的歌神許冠傑和譚校長都肯定望塵莫及。

一個時代有一個時代的審美情趣，鄭秀文、許志安、楊千嬅要是早生了二三十年，也未必是陳寶珠的敵手。事實上，就說當年與之分庭抗禮的蕭芳芳，雖然唱功其實同樣是有限公司，但蕭芳芳的唱法是比較西化的，在當時整個年輕人文化都向歐美傾斜的形勢下，照理蕭芳芳的電影唱片是應該可以比陳寶珠的好銷。

可是實際上卻不是如此，依然是唱腔較土味，留存有點點粵曲腔口的陳寶珠節節領先。芳芳只能在個別的唱片上挫挫寶珠的威風，例如她的《郁親手就聽打》。

然而威風還威風，這些土味十足的歌，百代唱片公司多年來都不見重版，到現在陳寶珠復出演舞台劇《劍雪浮生》才來出版，動機不免讓人覺得帶點商業味。

坦白說，多年來，能在坊間買到陳寶珠的歌集，就只有風行的一張《陳寶珠之歌》，與陳寶珠的名氣委實不成比例。而今有了這套《陳寶珠．光影流聲》，這才像點樣兒。然而相類的選輯還應該多一點，那就更像樣了。現在來聽《光影流聲》，不管聽者是後生仔女還是一把年紀的人，都是在懷舊罷——但這「舊」很特別，它既親切又土氣。不知道愛懷這樣的「舊」的後生仔女會是哪些人？是因為《難兄難弟》的程寶珠而注意陳寶珠？看《難兄難弟》，大家都會笑。聽《光影流聲》，也許閣下亦會偶爾失笑。寄調 *The End of the World* 的〈長相思〉可以唱得這樣淡如開水；寄調〈明月千里寄相思〉的〈我的愛伴是戲迷〉唱來亦像讀書。

至於歌詞，讓你莞爾的地方肯定更多，譬如寄調 *Born Free* 的〈玉女神鎗〉……然而那時的電影歌曲製作一切都屬急就章，因為要先錄好歌曲才能拍有關的鏡頭，而鮮有哪一部

《陳寶珠．光影流聲》，1999 年。

電影是不趕的，所以為電影歌曲寫詞的也只有急急拼湊成篇。因此，還是看開一點吧！

其實，有時覺得陳寶珠的歌是很前衛的，像〈紅衣少女〉中的三連音節奏，連後來的〈小李飛刀〉也大抵相類而已。最讓筆者感興趣的是，在這個時代，不少作品還很具實驗精神，敢於先寫歌詞後譜旋律，〈女殺手〉就是很突出的例子。後來，許冠傑亦繼承了這一傳統，〈鐵塔凌雲〉正是先詞後曲的，〈天才與白癡〉、〈財神到〉等估計亦有先詞後曲的成份。可是許冠傑之後，人們已不敢輕言先詞後曲這回事了。

說來，六十年代的粵語電影都常採用先詞後曲的方法來製作插曲，像經典的影片《如來神掌》系列的最後兩集《如來神掌再顯神威》、《如來神掌劈魔平九派》，三集的《六指琴魔》，都有不少以先詞後曲寫成的插曲。但〈女殺手〉明顯勝一籌之處是特別富於現代感，不易讓人想到它所用的先詞後曲手法其實是源自粵曲的。

陳寶珠的歌，印證的是粵語流行曲在青澀貧微的少年時代的種種幼稚和天真。但即使是人類自己，也常常很緬懷少年時代，縱然當時是多麼窮，所作的事多麼的幼稚天真，那回憶都覺得是珍貴的。對於粵語流行曲的少年時代，我也作如是觀。

**轉載自《明報》，一九九九年五月二十三日**

# 電影《彩色青春》主題曲初研

黃志華

在筆者所見到的《彩色青春》電影特刊裏，所收錄的多首片中歌曲的詞與譜，僅有這首主題曲有創作者名字。但其他歌曲裏，至少有兩首是原創的，不知道為何卻沒有交代創作者名字。這首主題曲，可談之處不少。唱片版本是先由蕭芳芳唱整整一大段，然後陳寶珠以同樣的旋律重唱一遍。然而在特刊裏所見到的版本，之後胡楓和陳曙光兩位男主角亦各唱了一大段，接續還有輪唱齊唱，估計唱這個版本，要十一二分鐘，可見其篇幅龐大得是明顯地冗長。相信這特刊裏的譜本是初稿，但為何會寫得這樣長篇的？十一二分鐘的長度，不管是放在電影中還是錄在唱片上，都是長得讓欣賞者難耐的呀。

《彩色青春》是當年很受歡迎的青春歌舞片，可是看這主題曲的歌詞內容，思想甚是保守。蕭芳芳唱的一段，代表的似乎是低下階層人對「時髦青年」的刻板印象：都是些「書讀唔讀也罷」、好食懶飛的後生仔。而陳寶珠唱的一段，應是低下階層人的保守心態的折射吧：「三點式泳衣太肉酸太羞家……賽跑運動立錯宗旨，仆倒與及跌傷更累事……夠膽當眾嚟亂唱嘢，尺幾厚面皮……」當時是哪些觀眾會看這部《彩色青春》呢？

據特刊，《彩色青春》主題曲由潘焯撰曲，亦即由粵曲界中人來寫青春歌舞片的歌曲，現在的人大抵難以想像。從歌曲旋律看，筆者估計《彩色青春》主題曲（就唱片版本而言）是先寫好一段歌詞，據詞譜曲後，按生成的旋律填上第二段歌詞。

比較一下特刊版本和唱片版本（在 YouTube 能找到），有唱詞部份的歌調，兩者是完全一樣的。但所有的過門，包括前奏與尾聲，唱片版本都跟特刊版本完全不同，而唱片版本的音樂過門、前奏、尾聲明顯富動感富青春氣息些，相信做這些改動的不是潘焯自己，而是另一位無名音樂人。

細察《彩色青春》主題曲有唱詞部份的旋律，結構完全是鬆散的，大抵只有粵曲人才

《彩色青春》，1966 年。

會這樣寫。有趣之處是它嵌入了一句 *My Fair Lady* 裏的名曲 *Wouldn't It Be Loverly* 的首個樂句，並且連原英文詞句（lots of chocolates for me to eat，但特刊裏這句唱詞卻是：a lot of chocolates for me to eat）也搬過來，而歌詞還提到 *I Love You Baby*（五六十年代另一首英文名曲，粵語版有鄭君綿的〈扮靚仔〉），又以國語唱了一句「玫瑰玫瑰我愛你」，英語、國語混雜在一首粵語歌裏，絕不是八十年代才有的事嘛。

電影《彩色青春》主題曲　詞曲：潘焯　唱：蕭芳芳、陳寶珠

（芳芳）核子世界，日新月異，定然要做一個時代女兒。
入水能游，多彩多姿，
三點式泳衣，夠肉感、夠標青，沙灘嬉戲滿心歡喜。
賽跑運動，例無執輸，幾大都要第一咪個第二。
有陣時，開 Party，重要哼番幾句，
A lot of chocolates for me to eat，確趨時，
往日最通行 *I Love You Baby*、玫瑰玫瑰我愛你。

梳頭恤髮，講心思，務求新穎與新奇，
時裝要日日新，重要標奇立異。
能做到時代女兒，書，讀唔讀也罷，知識都重係其次。
（寶珠）坐享閒游，絕不會做事，未能算係一個時代女兒。
入水能游，要學亦容易，
三點式泳衣，太肉酸，太羞家，當真失禮與羞恥。
賽跑運動，立錯宗旨，仆倒與及跌傷更累事。
照日常講起說話，尚帶鬼聲鬼氣，
夠膽當眾嚟亂唱嘢，尺幾厚面皮，
猛咁出風頭有乜為，你唔怕屣聲我都憎吵耳。
梳頭恤髮，駛乜費心機，扮成鬼一樣笑死隔籬。
服裝注重稱身，絕對不用太奢侈，
人生彩色青春，總易逝，應該珍惜莫閒棄。

**轉載自黃志華博客**

# 陳寶珠《彩色青春》插曲〈莫負青春〉與〈西班牙進行曲〉

黃志華

粵劇、粵曲中使用的小曲，來源龐雜，考查不易。很多時都比瞎子摸象還糟糕。像年前，我在香港中文大學的戲曲資料中心查資料，據一冊陳金波編的《粵譜彙集》，知悉陳寶珠等人在電影《彩色青春》內唱的那首〈莫負青春〉（又名〈勸君惜光陰〉），所調寄的小曲，名字應該叫作〈夏威夷進行曲〉，簡稱〈夏威夷〉。然而最近再去那兒，卻又從另一本舊歌書中發現，這首小曲還有另一個名字：〈西班牙進行曲〉。怎麼又「夏威夷」又「西班牙」

《彩色青春》，1966 年。

的呢？天南地北，像是任縱橫！

這次是從趙裕編的《新編琴弦曲譜（第二集）》中見到的，歌譜還特別在〈西班牙進行曲〉旁邊加註云：「西曲」，這至少肯定了這首〈西班牙進行曲〉是來自一首西方歌曲，絕不是廣東人原創的。可是這首曲調的原曲叫什麼名字，原曲有什麼故事，仍一無所知。

在趙裕編的《新編琴弦曲譜（第二集）》中，這〈西班牙進行曲〉所配上的曲詞，是「節錄自《新璇宮艷史》」的，主唱者是紅線女。為此特別向岳清前輩請教，是否有齣粵劇叫《新璇宮艷史》？首演於何年。岳清前輩回覆曰：是，首演於一九四七年。

其後又查家中所有的《粵曲之霸》，原來也有馬師曾、紅線女唱的《新璇宮艷史》，相關的那段小曲，果然也稱作〈西班牙進行曲〉，另外也發覺，這《新璇宮艷史》主題曲，除了採用了〈西班牙進行曲〉，還用上一首〈愛情進行曲〉（此曲如何唱？背景如何？可憐筆者又一概不知），所配的唱詞中英夾雜，唉！原來紅線女在四十年代的粵劇中都唱過中英夾雜的曲詞，紅線女藝術中心不知會不會記載此等事實。

現在至少知道，陳寶珠在《彩色青春》中所唱的：「青春真可愛，青春，珍惜你光陰似金……」其調寄的曲調，原是西方歌曲，它早在四十年代後期就為粵劇用作小曲！

此外，對照一下《新編琴弦曲譜（第二集）》中的〈西班牙進行曲〉歌譜，也可以肯定陳寶珠所唱的版本，旋律是改寫過的，至於為何要做那些改寫，也很難清楚原因，卻說明陳寶珠這個版本是舊中有點點兒創新。

**轉載自黃志華博客**

# 具歷史意義的原創歌曲

黃志華

香港電影資料館最近出版了粵語青春歌舞片《彩色青春》的影碟，這部首映於一九六六年的粵語片，本已瀕臨湮沒，能夠再面世，是觀眾之福。而從粵語歌的角度看，《彩色青春》中的一兩首原創歌曲，很有歷史意義。

說來，一九六六年曾產生多首甚有影響力的粵語片原創歌曲。我談過其中一首：〈一水隔天涯〉，該同名影片於一九六六年元旦首映。而除了〈一水隔天涯〉，同年面世的粵語片原創歌曲還有〈女殺手〉（同名電影於一九六六年八月一日首映）、〈青青河邊草〉（同名電影於一九六六年八月四日首映），以及上文提的《彩色青春》。如果連非原創的電影歌曲也計算在內，《神探智破艷屍案》中的插曲〈情花開〉的影響力也是非常大的。在那個粵語歌曲地位很低的時代，一年之間有四五首影響力甚大的原創電影歌面世，那應是使人很驚訝之事。只是，也因為地位低，根本沒有誰會察覺它們產生的頻率是如此異常地密。

回說《彩色青春》中的電影歌曲。影片中有歌曲多首，但只有主題曲是原創的。其實這部電影應該還有另一首原創的歌曲〈趁青年好行樂〉，估計是配合電影中年輕人騎電單車上學去的場面的，但現時的電影版本並沒有這首歌曲的蹤影。〈趁青年好行樂〉在電影原聲唱片上，是另換了一個歌名：〈少年十五二十時〉。

〈趁青年好行樂〉肯定是原創，卻不知創作者是誰？但有一點可以肯定的是，這首歌曲是以先詞後曲的方式創作出來的，是頗粵曲人的創作方式。這是非常奇特的，因為影片是青春歌舞片的類型，音樂應該是很現代的，可是歌曲的作法卻是如此粵曲模式的。其實這影片的同名主題曲也有同樣的現象。它肯定是由來自粵曲界的潘焯包辦詞曲的，其創作方式也見得出是先詞後曲的。然而現在聽到的主題曲版本在音樂上摩登得多，也具吸引力得多，要是跟電影特刊上所見的曲譜版本比較一下，會發現潘焯原稿中的前奏和過門都被改寫過。

《彩色青春》，1966 年。

如果依照電影特刊中的曲譜來唱，《彩色青春》這首主題曲要十幾分鐘才唱得完。結果，在電影中，這主題曲只能見到蕭芳芳和陳寶珠各唱了幾句，之後有再出現都是以純音樂的形式。而唱片中的版本，則是裁成了三截的，並且捨棄了一大段。

可以說，這是六十年代粵語片中的原創歌曲常見的現象，原因是電影雖想拍得摩登些，但電影歌曲的創作主事者卻仍是來自粵曲界的音樂人，故此創作出來的歌調，頗見奇異，而聽在時代青年耳中，則總難入耳。就好比說誕生於同一年的〈女殺手〉，亦是粵曲人想做的一回粵曲摩登化（流行曲化）的實驗，雖是甚矚目，卻不算成功。

故此，六十年代後期，個別的粵語片製作人，索性找顧嘉煇、黃霑、陳自更生等新一代音樂人來寫歌，以期寫出來的歌是「真摩登」。奈何其時粵語片與粵語歌的地位畢竟低，即使是青年時代的顧嘉煇或黃霑出手，寫了唱了也沒幾個人知。顧嘉煇寫的全是國語唱的，但粵語片中唱國語歌，真不知是要唱給哪類觀眾欣賞！黃霑寫的是粵語唱的，可能由於歌者是陳寶珠，很多人覺得跟一般的粵語片「小曲」無異。

箇中道理顯然是：地位低的時候，創作總是事倍功半！甚至完全被忽視！

**轉載自《信報》，二〇一六年二月二十二日。**

# 第二章——舞台篇

《劍雪浮生》妙趣

《劍雪浮生》六年前後

浮生寶珠

寶珠花樣年華

陳寶珠的新功課

# 《劍雪浮生》妙趣

石琪

## 懷舊的神話，多彩的織錦

作為香港藝壇一項前所罕有的盛舉，「春天舞台」製作的《劍雪浮生》表現不錯。當然這是吃香港懷舊神話的老本，拿陳寶珠復出和任劍輝、白雪仙、唐滌生的仙鳳鳴傳奇來營造話題效應，吸引觀眾，正好對比出時下舞台界欠缺新勁的絕招。不過舊瓶新酒是當今世紀末的全球文娛主流趨勢，看看刷新世界電影最高票房紀錄的《鐵達尼號》（*Titanic*），重拍本世紀初沉船舊聞，題材背景不是更舊嗎？

在《劍雪浮生》上演之前，已經創出預售百場滿座的驕人成績，可見陳寶珠及劍、雪、生的「剩餘價值」仍然奇高，而春天舞台傾力面對市場，亦證實有效。盡辦法重新吸引觀眾，恢復市場競爭力，不但對今日香港影、劇很重要，對全港也很重要。

抓到了「殺食」的人選和題材，做好了宣傳，但《劍雪浮生》的實際演出到底怎樣呢？坦白說我是有點擔心的，因為陳寶珠久疏戰陣，劍、雪、生的往事亦難編得面面俱圓。可喜的是上演後反應不錯，的確搞出值回票價的趣味。無疑，觀看者最好是陳寶珠迷和仙鳳鳴迷，不過相信香港青年觀眾也會看得有趣，因為杜國威編得聰明，鍾景輝導得熟練，全劇由頭至尾相當熱鬧、漂亮和風趣，並且把新劇場與舊粵劇結合得靈活、通俗。

杜國威此劇可以和他以前的《虎度門》、《南海十三郎》湊成三部曲。《虎》寫粵劇伶人，《南》寫粵劇編劇，《劍雪浮生》就寫香港粵劇兩大伶人任劍輝、白雪仙和一大編劇唐滌生的奇緣。

由於要顧及「神話性、明星感」和在生人物，以戲而論，《劍雪浮生》不能像虛構的《虎》劇自由發揮，對人物和歷史的刻劃更不及《南》劇淋漓盡致。好在杜國威熟悉粵劇與粵語

《劍雪浮生》，1999 年。

片掌故，今次雖然沒有詳述仙鳳鳴那三位主將的生平，亦能以豐富細節使劇情多姿多彩。

單看「豳妹」時代的任劍輝向桂名揚學藝，少女白雪仙向薛覺先拜師，任白和唐滌生打麻雀打出《牡丹亭驚夢》，以及白雪仙戴頭兜在澳門指揮拍攝電影《李後主》，和任劍輝被幾組電影搶來搶去拍片的情況，已經妙趣橫生。鍾景輝活用了劇場的時空變化，載歌載舞，有喜有悲，過場穿插着鬼馬南音，前後出現華麗的文成公主幻景……原來唐滌生最想把文成公主出嫁西藏編成粵劇，這是他和任白未圓的心願，這微妙的秘密使此劇增添了幽情。

## 真假一台戲，藝海結奇緣

《劍雪浮生》是一台戲，發揮了 Show Business 的應有吸引力，當然「做戲咁做」，不是真實傳記或嚴謹藝術。可以說，這台戲不少地方太通俗化，漫畫化，「慌死沉悶」，但並不低俗胡鬧，還能生動靈活地展現數十年前影、戲兩棲藝人的風貌，雖欠詳盡，但充滿敬重，這種誠意是顯著的。

此劇描述任劍輝、白雪仙和唐滌生的奇緣，沒有大爆私隱內幕，不會滿足到喜歡秘聞

《劍雪浮生》，1999 年。

的八卦派，甚至盡量美化，嚴格來說難免避重就輕，不及《南海十三郎》寫人寫事有立體感。但此劇側重於三位主角對粵劇藝術求精求進的努力，我認為是適當的，事實上這三人的結緣，最大貢獻正是創出藝術結晶品，留下備受傳誦的一系列仙鳳鳴戲寶，那些戲寶中的藝術化愛情，才是最重要，最迷人。

不過劇中也有些「私情」問題引起若干爭議，主要是「小鑑」和「小霞」的角色。此劇完全不提任劍輝曾經結婚，而說她和「小鑑」（影射羅品超）長期暗戀，我不知是否屬實，但顯然不夠周全。至於「小霞」，就是唐滌生的太太鄭孟霞，劇中《帝女花》在利舞臺首演成功，被冷落的太太要像其他觀眾一樣在戲院外苦候丈夫，這場戲幽婉而幽默，唐滌生還向她「交心」，處理得巧妙，但唐滌生暴卒時，小霞悲哭中把那個「心」轉付白雪仙，實在不合情理，難怪黎鍵批評這場戲對鄭孟霞不公平，這是應該設法改善的。

戲劇始終是戲劇，取材真人也是借題做戲，但要在真實與創作間妥善地平衡，則格外困難。《劍雪浮生》亦有這些麻煩問題，幸而全劇大體上以藝人學藝求藝為主，如果涉及更多私人私情，相信麻煩更多，更難處理。

《劍雪浮生》寫任白唐的關係，就好在乾乾淨淨，在藝術上、性情上志同道合，還聰明地以伯牙、子期和琴來作比喻，構成知音人的美妙合作。劇中形容任劍輝在青春時代已決定為學藝而放棄私情，白雪仙更是極力追求藝術成就。白雪仙拜師和訪父兩場戲尤其顯出尊師、孝父的傳統情義。特別動人的是她把情義和藝術結為一體。她父親白駒榮失明，仍堅持出台演戲，亦盡了藝人的專業道德。

當然，情義與藝術，還可作出更精深微妙的演繹。《劍雪浮生》限於點到即止，但作為一台明星偶像戲，則已豐富多彩，又能在流行失憶的今日香港重溫一下前輩藝人在昔日艱困中的苦心求進，以及同舟共濟的情誼，成績是肯定的。

## 陳寶珠和其他演員的表現

《劍雪浮生》這台戲最關鍵的，當然是陳寶珠，由於這位六十年代青春偶像復出，才有此製作、有此效應。而她在台上表現的成敗，亦直接影響全劇演出的成敗。

很高興，久別演藝的陳寶珠沒有令人失望，一開演便顯出明星級藝人本色，高度穩健，成為整台戲的中流砥柱。中年陳寶珠當然不是玉女陳寶珠，她亦沒有再扮姑娘十八一朵花，卻能以成熟形象，在她從未試過的新劇種顯出大將風範，同時保持典型的陳寶珠式正直倔強，又發揮其戲曲根基，就更難能可貴。

《劍雪浮生》，1999 年。

她在台上扮演任劍輝似不似呢？根本上不成問題，因為觀眾要看的是陳寶珠，而劇中任劍輝亦是半真半假的戲劇化角色。很明顯，她充滿説服力地成功演繹了一位才藝和人品都深受敬愛的天王級紅伶角色，對人對藝都充滿誠意。劇中這紅伶忠於藝又順得人，各片場爭着請她拍片，她累極亦盡量遷就，不會欺場，還能提攜後進，她對自己則除了打打麻將之外就毫不「放縱」。這些平實本質，大概正是有師徒之緣的任劍輝和陳寶珠所共通的。

陳寶珠在戲中戲表演的粵劇文武生唱做，當然更是任劍輝路線。最相近的是她倆唱做都認真而不吃力。無疑，復出的陳寶珠比較自覺和拘謹，不過在穿插了不少通俗漫畫感的《劍雪浮生》，她的穩健起了平衡作用。陳寶珠是《劍雪浮生》的重心，但劇情樞紐則在於區嘉雯飾演的白雪仙身上，因為夠主動、有衝勁的白雪仙，和任劍輝投契，和唐滌生結緣，才催生出仙鳳鳴戲寶，創出神話結晶品。

同樣，別問區嘉雯似不似白雪仙？白雪仙是無人可以「翻版」的。但區嘉雯不愧為話劇壇好戲之人，活現出一個聰明活潑、夠膽夠惡而又真誠的藝壇女強人形象，渾身是戲，經常把嚴肅與風趣結合得很妙，令觀眾又笑又服。

但必須指出，區嘉雯沒有粵劇根基仍然是一大缺陷。她活現了「仙姐」女強人角色，卻「不是」大花旦。我認為最好請人「代唱」，因為劇中的仙鳳鳴戲寶段落很重要，是任白唐三結合在情誼上、藝術上的精華，如果兩主角對唱得好（「做」則無甚問題），全劇就可真正水乳交融了。配角方面，粵劇專家梁漢威最吃重，一人多角穿針引線，鬼馬生動，或許偏於媚俗，但有真材實料。男主角謝君豪演唐滌生則保持一貫水準，其他人選熱熱鬧鬧，可算平均，只可惜梁醒波角色跟出跟入，全無發揮機會。

**轉載自《明報》，一九九九年三月二十三至二十五日。**

# 《劍雪浮生》六年前後

石琪

大型舞台劇《劍雪浮生》一九九九年首演很哄動，結合五十年代「仙鳳鳴」和六十年代陳寶珠兩大「神話」，為香港懷舊潮創下高峰。久休復出的陳寶珠飾演任劍輝，更是大新聞。

六年後《劍雪浮生》重演，光陰似箭，幾年間香港死去活來，連電視時代成名的羅文、張國榮、梅艷芳、黃霑等都辭世了。去年（二〇〇四）最哄動的懷舊熱，是七八十年代「歌神」許冠傑復出。

此劇取材戰前廣州至五六十年代香港的粵劇神話，和新世紀愈離愈遠，不可能再掀高潮。但重演仍有號召力，可見懷舊市場始終頗大。只可惜香港舊神話多過新神話，新星不是沒有，然而湧現奇蹟大概難過舊時了。

重看《劍雪浮生》，最可喜是陳寶珠完全沒有走樣，駐顏有術，外形比六年前苗條，演技和唱功更有進步。她演任劍輝由青春學藝到中年全盛期，都揮灑自如。女性時裝和男性古裝都扮相漂亮，還多了自信的風趣。最出色是女扮男裝唱粵曲，狀態甚佳。

區嘉雯再演白雪仙，和她上次得「最佳女主角獎」演出同樣充滿刁蠻、執着的喜劇感，妙在演少女時依然趣致。她唱歌也較好了，但始終不是唱家班，演唱《帝女花》、《九天玄女》等粵劇片段還是弱點顯著，這方面全靠陳寶珠有實力。

歐錦棠代替謝君豪演唐滌生，豪爽多過溫文，效果也不錯，外形可能更似唐滌生舊照。粵劇行家梁漢威照舊一人演幾角，很生動。李楓已成為「翻生鄧碧雲」。梁天扮靚次伯亦老練。周偉強演梁醒波卻重量不足。下次或可考慮劉錫賢？焦媛再演幻境的文成公主，但不再兼演陳寶珠玉女時代，這個角色根本已經刪去。

重演增添了新歌，佈景與排場則較為簡單。劇情大致一樣，拍《李後主》，回顧任白

《劍雪浮生》，2005 年。

拜師、唐滌生結婚舞會、片場怪現狀和打麻將等場面，仍然有趣，但後段就仍然薄弱。正如熟行人早已指出，《劍雪浮生》是借題發揮，半真半假做戲，忽略了很多事實，亦可能對某些人不公平。

現在整體並無改進，神話多過真實。主要演員則很熟練，最有明星感當然就是陳寶珠。

**轉載自《明報》，二〇〇五年三月三十日。**

# 浮生寶珠

鄧達智

寶珠姐又嚟啦……！

觀眾席上、後門進出口處、演藝學院行車道……狂叫「寶珠姐！寶珠姐！寶珠姐！」的中年或已過中年的超級 fans，為他們擁愛了數十年的超級偶像，發出不比時下少艾 fans 雷同的瘋狂激情呼喊。

陳寶珠三個字質比真金，歷久不衰。

但她本人？

年輕時擁有 baby fat 的甜美少女，不似她金蘭姊妹蕭芳芳的潮流有型學貫中西；但一臉清純和順，這份人間風采安慰了萬千在工廠或各式搾世界 sweat shop 中長期出賣勞力及青春，以總稱「工廠妹」為主的少女 fans（其實為數不少為女學生）。在高溫炎熱或噪音震動的環境中，日以繼夜為這個城市打造將來，她們是七十年代以還香港起飛背後構成翅膀的重要成份。無論多辛苦，只要看到衣車上或車公仔頭髮縫盤上，或啤膠花的注塑機上寶珠姐照片中百分百清純的笑容，一陣和風吹遍，內心深處得着最原始的安慰；只要下班後走入戲院聽聽寶珠姐唱《姑娘十八一朵花》或《女殺手》或……再艱難的浮生都可以挺過去。如果能告假到片場遠遠看到偶像一撮髮尾，那股野性的呼喚比跟前站個白馬王子更實際。

三十年，三十五年，快四十年了。離開寶珠最當旺，紅至所向無敵手的世代幾乎接近半個世紀。那群當年無論身體力行或精神上追隨左右的迷姐們經歷人生定律：生老病死、離合得失，只要活着，她們至起碼程度未必再會狂喊「寶珠姐！」但心底仍然支持、尊敬。看《劍雪浮生》，從三月底到五月初，一再加碼，再次公演，飾演她師傅：再上一代的戲迷情人任劍輝，大袍大甲英俊瀟灑的寶珠甫出場來依然震動人心，不少肥師奶們淚滴盈眶，激動不已。

《劍雪浮生》，2005 年。

她自己呢？

這一期《明周》，寶珠接受訪問，看照片，那份樸素明亮便叫人心服口服；像一尊玉觀音，不見激情，隨浮生順流。突爾明白，寶珠的歌一般，戲也一般，她的精靈屬於舞台；但吸引着遠遠近近影迷的心，原來也是她發自最真的內心，那份善良無與倫比。不用作些什麼，拍過數百部電影，無一部入選近期選出的「華語電影一百大」，她的一張素顏，平凡合穩的氣質便是近半百年的保證。從來都不是寶珠的 fans，但每有機會碰到，最愛跟她打個招呼，問個好，遍體清涼。

**轉載自《蘋果日報》，二〇〇五年三月三十一日。**

# 寶珠花樣年華

鄧達智

亞洲國際博覽館，明年（二〇〇六）二月四日啟用，頭炮：晚上八時於 Arena 舉行「陳寶珠與香港中樂團」音樂會，只演一場。

寶珠姐將會在這個難得的盛會獻唱師傅任白經典名曲及多首新曲小典……看着恒生銀行的海報，漂亮清雅動人的大頭照片配襯盛放大紅玫瑰，猶似青春沒有溜開過，這是寶珠的花樣年華。

工作令人忘記歲數讓人放下煩惱；對一個藝人而言，站到開麥拉前面或走出虎度門，她/他抽離、超前現實成為另一個人。破天荒重上舞台演出《劍雪浮生》之前的寶珠甘於平淡，恬靜安閒，但她將會循着日出日落跟在歲月後頭默默任其消逝。始自年前復出，觀眾發現了，寶珠及她身邊的師傅、朋友、影迷們都大概發現，她屬於舞台。大袍大甲，她雖然演繹任劍輝，其實借任姐的角色還魂，尋回她精靈理應歸屬的舞台，甫開口，我們不由叫好，看她悅目身段處處迷人，終於對號入座，找到她舞台上獨特的感人魅力。

從舞台再開始，你看到寶珠精力倍加，姊妹蕭芳芳創辦公益的，政府機構的，為民請命的，她都一一從容赴會，奉上幾分力。個人事業的：舞台劇、演唱會，一個接一個，不多不濫，剛好一段時間當她的fans們想念她，希望見到她時，恰到好處她便出現了……她與fans之間的感情又是一項奇蹟。如果你接觸過寶珠，當會奇怪她非凡的親和力。她屬於一個人情美好親切的年代，透過與她握一下手，問一句好，猶如尋回那個早已消逝了待人親厚的歷史遺蹟。

與中樂團合作出演音樂會當然是一件讓人振奮的美事。

但下一次……我如是期望寶珠演出任白戲寶。不是折子戲，而是整套的，足本的《紫釵記》、《帝女花》、《牡丹亭驚夢》……不少戲寶等着她來演繹。龍劍笙回來歸隊演出當然讓不少戲迷歡欣萬分。如果寶珠粉墨登場演足唱足一台一台的好戲，那是何等讓人陶醉的風光？

在一個香港演藝事業明顯走下坡路的今天，萬人迷如寶珠的出場不單止救市，更讓她的聲色藝喚回人們對香港舞台的歷史，對我們能接受時間時代洗禮的舞台精靈的重新認識，喚回面向明天的信心。

**轉載自《蘋果日報》，二〇〇五年十二月二十九日。**

# 陳寶珠的新功課

鄧達智

赤鱲角機場旁最新建成的「亞洲國際博覽館」將於「人日」年初七（二月四日）舉行首場音樂會。演出組合為本港兩支勁旅——香港中樂團和影迷公主陳寶珠。演出樂曲分三部份：任白首本名曲、流行曲及由杜國威作曲、周熙然編曲的新曲。

這個節目足可吸引寶珠及中樂團的多年 fans，從不同地方趕來香港，來到新上場的亞洲國際博覽館 Arena 享受一個聲色藝俱全的人日晚上。

香港有管弦樂團、話劇團、芭蕾舞團，但在氣勢及受歡迎程度上都與中樂團有明顯的差距。似乎中樂團便是香港正統音樂的一支座標，與之合作的藝人自然流露一份高水平「到位」的榮耀，難禁興奮。

陳寶珠三字代表了一個時代裏面一個族群的宗教。那是六十年代，香港經濟起飛，為生活為家庭為弟妹教育放下個人利益投身各式新興工業的「工廠妹」們，陳寶珠不僅是一位明星，她也是本地以至東南亞華人姊妹圈子中的精神慰藉。

經歷數十年低調退隱，重出江湖的寶珠演過《劍雪浮生》、《紅船》及幾次大型演唱會等舞台活動。她說：「舞台是我最大的滿足，聽到台下觀眾歡呼叫好，讓我感覺存在的踏實……。」縱使初演《劍雪》緊張得頭髮一撮一撮地脫落。

她們那一代的童星泰半承擔家庭生活擔子，小小年紀便以場為家，在照明燈下成長。

寶珠不同，來自戲劇家庭的她，從小在大老倌長輩的演藝歌藝氣氛中成長，愛上演，喜歡演，所以要求父母讓她投身這個艱辛的行業，能唱能演。跟她茶聚的下午，稍有空閒，她便不停口地反覆練習剛剛從「陳潔靈老師」那裏學來的流行歌曲腔口。側面細看，她的輕鬆俏麗全神貫注的神情讓年齡與非凡名氣都悄悄溜走，就似一名小學徒滿心歡喜地重溫師傅剛剛教曉她的新功課。靜下來時，她十分細心地為我分析從小已經習慣了的粵曲咬字、腔口運用與流行曲不同之處。

人人以為她作為陳非儂的女兒，任劍輝的徒弟，訓練肯定特別深厚；事實並非如此，十多歲作童星，十七歲走紅；之前師傅忙得無暇跟她上課，不少課程來自戲院後台一角細心偷師，學習台前正在演出的老師。走紅之後正值七日鮮電影風行，片場除了是工場也是家，學習的機會日稀；但《劍雪浮生》的演出讓觀眾為寶珠的粵劇功架與唱腔大聲叫好，都以為她是任姐身邊親自調教超過十年以上的學生，原來那是她愛唱與DNA上的藝術細胞成份使然；假若當年她沒有走上電影路，可能是任姐之後最重要的反串文武生。

然而對當年的成功她並沒有飄飄然成功感使然的暈頭轉向。她說：「一步一步走過來，我和芳芳都是經歷過童星之後少女時期無適當角色可演的尷尬階段；能在十六七歲遇上好機會，排眾上位，我們都欣然接戲。為票房成功，人人有錢賺有飯吃而高興，更為多年辛勞終見出頭天而安慰⋯⋯。」她們屬於一個厚道的年代，縱使貴為天王巨星亦將興奮適可而止地收藏。

她們的擁護者大多數是工廠妹，她們其實也是不分日夜在電影工廠上班的「工廠妹」，在沒有要求、最重要是開工的使命中成長，她得着的寶貴回報除了財息回饋，最重要還是一群不離不棄的迷姊迷妹，不少追隨數十年，情比金堅。演過《劍雪浮生》更得着一群年

《陳寶珠與香港中樂團音樂會》，2006 年。

輕的fans生力軍，與元老派齊齊為她不斷打氣，支持。

寶珠雖然因電影而走紅，但她目前並沒有再拍電影的心，基本上沒有一份期望；她清楚角色上沒有很多選擇，而能力上也衡量自己能否勝任今天製作的模式。但她認為電影多年訓練加上粵劇從小的培育，造就了今天她可以走上舞台的信心與精神，更認定那是更高層次的藝術。除了這次與中樂團合作的演唱會，在七月，她與鄭少秋演出古裝舞台劇，另一次新嘗試新挑戰。

一位真真正正的天王巨星原來最重要的質素為仍擁有一童稚的心；少女時代看着自己與拍檔芳芳在電影推廣海報上的名字從小小的字粒逐步放射到領頭主角的位置，感覺一步一步努力走過來，無僥倖，無撞彩。

今天，不間斷，只要有合適的角色，她會將自己的身份回到學徒的起步點，讓老師重新指點。如今社會風氣不再如此，小小藝員人人當作自己已成大明星，只注重包裝而非虛心受培訓。寶珠當年的成功絕非僥倖，今天依然在歡呼中重踏台階也非依靠老本，看她密密練習便清楚。

**轉載自《信報》，二〇〇六年一月十七日。**

# 舞台與「我」

梵谷

當大幕打開，看到那舞台佈景和燈光的格局，還有那第一組舞蹈動作的躍動身影時，有那麼一瞬間，我想起自己在看六十年代「七日鮮」時期製作的電影。原來三千萬華麗製作都一樣，和很多年前來比較，結果也是一樣的場面、一樣的印象。

過去的是否始終比今天的更有味道，所以雖然把音樂的格調改變了，也把舞蹈的比重加強了，但《天之驕子》的敍事內容和風格是完全符合接近半世紀以前的創作和審美標準？

《天之驕子》，2006 年。

或許這是杜國威的情意結吧，或許只是因為商業的決定，畢竟「七日鮮」的年代也是一個追星的年代，當偶像的魅力能夠肩起票房壓力的時候，故事的重點自然只會落在如何發揮偶像魅力方面去考慮。過去如是，今天亦如是，看《天之驕子》就是要看陳寶珠和鄭少秋，還有就是李香琴和梁漢威等大老倌，至於創作嘛……似乎還是跟着過去好……。

然而，在想着別人如何進行商業計較的時候，我又無法不去比較另一個事實。《天之驕子》在宣傳上提出「三千萬華麗製作」的口號，不正正是電影界曾經引以為豪的推銷口號嗎？只是在偶像掛帥的年代裏，絕大部份影片製作費的升幅其實是隨着演員費的增加而提升，更多的千萬並不意味着創意和品質成正比的增值。香港電影的沒落其中一個原因是觀眾的欣賞水平改變了，它的潛台詞就是說，本地創作人和演員的表現水平跟不上觀眾已經轉變的口味。如果香港的舞台劇商業運作的結果又再走一次電影界曾經走過的追星之路，不知下次是否要推出四千萬、五千萬甚至是億萬金元大製作了。當然，更恐怕是有一天商業舞台一樣要呼喊我們給什麼、什麼累死了……。

其實商業不是不好，追星也不是不好。電影如是，舞台亦如是。在《天之驕子》裏，一眾大老倌的表演絕對夠得上喊一個「好」字這下喝彩聲來表達。雖然陳寶珠以女角身份出場時，因過份收斂自己的能量而變得光彩暗淡，但改作男兒身段時，那一身功架即時讓

《天之驕子》，2006 年。

她鮮活起來，舞台形象亦即時變得巨大而活潑。梁漢威的表現其實是當中最好的，他在演戲，戲中既有對演繹角色的心思，同時說話又節奏分明；至於他那戲曲的造手和步法表現，在舉手投足之間盡是輕鬆寫意，那戲曲訓練養成的「第二個性」和角色身份有近乎完美的結合。鄭少秋的舞蹈功架雖然不夠利落和缺少剛柔並濟的味道，但他那大俠的自我形象實在太強烈了，這造就出他那強力的舞台角色形象和舞台魅力。這些明星演員在台上的一言一行都在告訴觀眾一個事實：他們能夠成為偶像，是因為他們有讓人喝彩的能力。反觀其他的演員，唱歌時唱歌，跳舞時跳舞，就是沒有一種鮮活的味道，特別是那由歌、舞營造的時代感在一開腔說話的時候便消失得蕩然無存，這顯然是因為沒有找到一種角色的自我感覺。其實，所謂舞台上的自我感覺絕對不能依靠分析而來，那只能由體驗所得，而說到體驗，就是要通過身體經驗來掌握，大老倌們歌唱的訓練凸顯出這方面的重點，但似乎，那大部份畢業於演藝學院的演員並沒有這方面的領悟。在《天之驕子》就出現了這樣的事實，明星是明星，其他人變成點綴。而我想強調的是，同樣的情況是不會出現在百老滙的製作裏的。似乎，在本地演員訓練方面，就有那麼一點觀念未弄清楚，所以那種「商業」能力就是還不夠好，不夠好……。

**轉載自《信報》，二〇〇六年九月九日。**

# 紅樓幻覺　寶玉珠光

張結鳳

「影迷公主」陳寶珠每過一段時間就會有新搞作。較早時在香港上演一部粵劇《紅樓夢》，在香港文化中心大劇院連演十多場，可見偶像即是偶像，受歡迎程度恆久不減。

本來只是抱着「捧場」心態去看陳寶珠的粵劇《紅樓夢》，看後卻有喜出望外之感！陳寶珠是電影戲曲舞台劇通才，但是「通才」者，可能就不夠專門了。因此，入場之前對欣賞粵劇藝術的要求並不太高，反而是着重看看舞台製作。不過一幕幕看下來，倒是比我預期的好，演林黛玉的廣州粵劇院花旦蔣文端尤有水準，唱做都不錯。

以戲而論，這部粵劇《紅樓夢》仍有許多尚待改進之處。這大概是一個綜合式的新編劇本（場刊竟完全沒有編劇的名字，也沒有改編的源流介紹），不同於過去雛鳳一直演出的劇本，情節場次有出入，詞曲也不同，音樂旋律有點生疏，第一次聽不覺得動聽。劇本結構似乎襲用上海越劇院徐玉蘭、王文娟演出的《紅樓夢》，但又加入了最後一場足有半小時的〈幻覺離恨天〉（任白雛鳳演出的本子）。故而後半部幾乎全是寶玉的戲：〈哭靈〉、〈金玉良緣〉、〈幻覺離恨天〉，連續擔演三場重頭戲，所以我覺得陳寶珠愈演愈令人感動，一場接一場的激情演繹，能撐得住已是不容易了！

劇本雖有不足，但大部份觀眾入場是看陳寶珠。舞台表演，演員的魅力向來就有許多層次。實力派戲曲演員，自是唱做唸打樣樣俱佳，一招一式細緻優美，令人欣賞戲曲的古典雅趣。舞台上的演出者，是觀眾欣賞觀看的對象，外形美、氣質美又是另一種吸引力。偶像派演員多擁有後一種「資產」。陳寶珠向來是相貌、氣質、風度出眾的演員，因此能成為影迷、戲迷心目中的偶像。

她演出賈寶玉的形象，尤其合適。我較為不能接受男演員演出賈寶玉，因為一個成熟的演員，總有一定年紀了，演出十多歲的愛吃胭脂與小女孩玩作一堆的賈寶玉，實在有點

《紅樓夢》，2012 年。

為難。只有女演員反串，以偏近女性的柔美來表現寶玉的童真與脂粉氣，才令我看得順眼。陳寶珠在粵劇舞台上是反串男角演唱平喉的，但是她的女裝扮相（不論時裝古裝）同樣漂亮出色，因此，無論是電影或舞台，很多時都安排她忽男忽女，盡量呈現她同時擁有雙性優美風采的長處。為此賈寶玉這個人物就最適合她，他是尚未長成為成熟男性，仍是陰柔童子，具有剛柔並存、陰陽同體（Androgyny）之特質。這次演出《紅樓夢》賈寶玉，無疑是為她度身訂造的選擇。

陳寶珠是上世紀六七十年代的電影紅星，那些年，花樣年華，姑娘十八一朵花，本來伊人也是任姐（任劍輝）嫡傳弟子，可與龍劍笙分庭抗禮，但可能就是長得太漂亮可愛了吧，一下子跑去拍電影，從此跳往大銀幕，就離開戲曲舞台了。結婚後息影移民，令影壇、劇壇損失了一位深入人心的出色演員。直到一九九九年才「回歸」復出。

自從陳寶珠重返香港，改以演出舞台劇作為她演藝事業的主力，幾部作品都是賣座之作。無他，偶像魅力是也，以陳寶珠在香港演藝界的名氣和影迷的眾多，無論演出什麼，只要打出名號，珠迷就會購票入場。

既是打正偶像旗號，因此每一次演出都是為陳寶珠「度身訂造」，適合她的個人氣質，又能通過不同場景讓她盡展所長。她的所長，就是從拍電影時代已凸顯的百變形象：男女

《紅樓夢》，2012 年。

皆宜、剛柔並濟、宜古宜今、載歌載舞，尤擅長的是演出粵劇時反串小生。

她的這種特色，在復出第一部舞台劇《劍雪浮生》可算盡情展現，飾演她的師傅任劍輝，簡直得心應手，多場戲中戲，演繹師傅的戲寶，尤令珠迷以至任白迷皆大歡喜。

第二部《煙雨紅船》，仍然沿用上述公式：飾演粵劇演員。以戲而論，由於與《劍雪浮生》頗多雷同，劇情又較為平淡，我個人認為不及《劍雪浮生》好看。

第三部《天之驕子》，走的是古裝片加音樂劇路線，不演戲中戲了，純粹劇情片。但因為飾演的是孟麗君，同樣是忽男忽女、載歌載舞。陳寶珠的女性古裝扮相很少見，穿上漂亮的長裙，配上優雅的古典頭飾，又一次令珠迷如癡如醉。

之後演了一部純話劇《我愛萬人迷》，成績較為差強人意。陳寶珠演的是走紅於上世紀七十年代的電視藝員，故事則從七十年代開始至今，跨度足足四十年。本以為又是一次展現百變形象的機會，可惜，這個劇本要說的太多，包羅萬有但是劇情不連貫。無論如何，陳寶珠又做了一次嘗試，在舞台演出的聲線運用方面，非常用心揣摩並按照年齡、場合而變化，水準算是不錯。

幾部舞台劇之後，陳寶珠似乎有意回歸她最早期的藝術道路：粵曲粵劇。辦過演唱會，演出過粵劇折子戲專場，到如今，演出全本的粵劇長劇，可算是她對恩師任姐的一份獻禮吧。

# 精裝《再世紅梅記》

石琪

白雪仙真是傳奇長春樹，八十多歲仍然活躍漂亮，繼續把仙鳳鳴粵劇戲寶重新精裝搬上舞台。上兩次由龍劍笙、梅雪詩合演《西樓錯夢》和《帝女花》各有三十多場都迅速爆滿，今次由陳寶珠和梅雪詩在香港文化中心大劇院主演《再世紅梅記》限於十一場，更是一票難求，非常非常搶手。

和其他仙鳳鳴戲寶一樣，《再世紅梅記》長期不斷被各個粵劇團演出，現在「任白慈善基金會」的製作特別有意義，因為紀念任劍輝（一九一三—一九八九）百歲冥壽和逝世廿五周年。而且這是編撰家唐滌生（一九一七—一九五九）最後遺作，他就在觀看該劇首演之際病發不治，距今將近五十五年了。

故事改編明代周朝俊劇作《紅梅記》，描述宋朝奸相賈似道的姬妾李慧娘愛慕才子裴禹，慘遭奸相殺死。她化為鬼魂救出才子，然後借屍還魂，以盧昭容身份復活，與裴禹結合。京劇崑劇著名的《李慧娘》只取材局部，不及《再世紅梅記》豐富多彩。此劇確是唐滌生嘔心瀝血的壓軸之作，他逝世後，無論粵劇和其他戲曲，都再難作出這種級數的「文言詩歌劇」了。

可惜任白沒有把《再世紅梅記》搬上銀幕，唯一電影版是一九六八年黃鶴聲導演那部，正是由當年「玉女」陳寶珠反串飾演男主角裴禹，南紅演李慧娘，但印象中不合襯，成績不好。四十多年後陳寶珠登台再演裴禹就成功得多，扮相十分俊俏瀟灑，完全符合劇中李慧娘的致命名句「美哉少年」！陳寶珠平喉演唱亦佳，從容穩健，好像輕描淡寫就唱出優異情韻，而又風度翩翩。可以說，她目前正處於粵劇舞台演藝的最佳狀態。

十多年前我看過「慶鳳鳴」演出此劇，觀感奇佳。當時梅雪詩和林錦堂雖則稍肥，但合作愉快，功力成熟，唱做都好。現在梅雪詩無疑「發福」了，影響形象，好在高音演唱

《再世紅梅記》，2014 年。

和唸白都保持本色。事實上，此劇很考驗女主角的多變演藝，一人兩角，有悲有喜，有文有武，又要扮鬼扮瘋。今次梅雪詩開場時演美姬有點笨重，幸而愈演愈好，扮村女時活潑生動，扮瘋癲時大鳴大放，扮麗鬼則兼具幽怨與剛烈，證明她仍然有實力又很努力。

白雪仙的製作要求高，美術指導奚仲文和舞台設計陳友榮（最近英年逝世）表現出色。佈景大體上保持《再世紅梅記》慣見的格局，而更精緻典雅。最突出是第四場〈脱穽救裴〉鬼戲利用旋轉舞台，由紅梅閣轉為山林，再在電光閃現下變出第五場〈登壇鬼辯〉的殿堂景，給觀眾帶來驚喜，活用新技巧而不失古典格調。完場時映出任白演此劇的多幅舊照，亦富紀念性。

合演的省港新舊伶人都有份量。還要一讚的是演員帶「咪」但全無刺耳的「咪聲」，可見音響調校用心，這是目前大多數粵劇演出沒有做好的。

**轉載自《蘋果日報》，二〇一四年一月二十二日。**

# 陳寶珠大器晚成

黃秀蓮

說陳寶珠大器晚成，似乎可笑，她在上世紀六七十年代時，紅極一時，與蕭芳芳於粵語影壇難分軒輊，珠迷芳迷，互成壁壘，甚至說成工廠妹與書院女之爭。小女孩各捧偶像，意氣之爭，雖是天真，回首看來，也覺可愛。那些年，她們青春逼人，戲卻演得不怎麼樣；蕭芳芳到了演林亞珍、《女人四十》時，演技光芒四射，那時已彷彿中年了；陳寶珠則在今回演《再世紅梅記》，才珠光煥彩。

《再世紅梅記》，2014 年。

看完《再》後，驚喜不已，想不到寶珠演得這麼好，用刮目相看來形容，也嫌不足。翻閱場刊，才發現一些未知的資料，她幼習北派，練就一身北派好功夫，幼時已演京劇《三岔口》；這教我想起來了，她曾演《女殺手》，又為邵氏拍《壁虎》，俱往矣的武打電影，並未能讓她在電影史留下光華。可是，有武功底子的人確是不同，其師任劍輝曾拜桂名揚學袍甲戲，文戲武演，台步開闊，赫赫威儀，就是執起一把扇子，也暗運陰力，姿勢磊落；那夜寶珠身段瀟灑，動作利落，應是得力於北派底子。《再世紅梅記》為恩師百歲冥壽而演，據娛樂雜誌報道，她把任姐當年舞台演出的八厘米拷貝反覆鑽研，一段一段地學，難怪任姐身影，依稀眼前。

一個人在哪兒下過苦功，總看得出來的。

**轉載自《大公報》，二〇一四年二月十八日。**

# 再世紅梅記　如何再世

黃秀蓮

看完《再世紅梅記》後，那夜，我興奮得有點難眠，容我自信而武斷，在我看過的各類劇曲中，以這一齣是最出色最完美。

今歲是任劍輝百歲冥壽，梨園一株奇香，離世二十多年後，依舊暗香浮動，清芬如故，「不思量，自難忘」，教戲迷長憶者，除了任姐，更有何人？任白慈善基金會之所以在芸芸劇目中選取《再世紅梅記》（下稱（《再》））來公演，一是紀念戲迷永恆的情人，二是紀念劇作家唐滌生，《再》是唐巔峰之作，亦是最後遺作，一九五九年任白首演《再》劇時，他魂斷座上，不朽之才，畢生心血，盡獻粵劇。「彷彿有劍在，還待認唐生」，神遊舊事，不勝唏噓，而香港文化中心燈光漸黯，絲竹鑼鼓響起，幔幕輕啟了。

在《再》謝幕之時，滿溢胸臆者，何只興奮，簡直是驕傲，香港這地方真是地靈人傑，在這片小小土壤上，竟有本事製作出遠遠超乎海峽兩岸的劇作。此劇上承中國戲曲之精粹，又融鑄入地域色彩，由粵人粵腔粵曲，把本土深厚的文化底蘊發揚；我無意過份強調本土主義，古典戲曲，源遠流長，京崑川越，各擅勝場，我只是慶幸南國一隅，不只承傳，更能精進，不只演藝湛深，更有宏闊視野，不只竭誠守業，更能高瞻遠矚。此劇製作之精、氣魄之大、美學之高、水準之佳，令人擊節，所以三度謝幕，掌聲潮湧，猶未能盡讚歎之一二。同樣，白雪仙僅在謝幕時才亮一亮相，其實是「處處有仙蹤」，這位總工程師所傾注的深情，所凝聚的心力，所投放的資源，拙文也未能表述一二。

翻閱由邁克所編之場刊，喜見重磅厚紙，典雅華美，封面紅梅飄墜，燙金凹字，不吝成本，可見一斑。內頁臚列了工作人員的陣容，策劃小組中有代表了完美主義、不惜上下求索的白雪仙，以認真嚴謹聞名於學術界的盧瑋鑾（小思），尚有陳培偉、高王玉瓊、張敏慧，此外，製作環節分工十分清晰，從總電機師到字幕控制，皆有專人各司其職，台柱

《再世紅梅記》，2014 年。

及演員共四十三人、樂師十七人、舞台助理十三人，工作人員總數超過一百。台前幕後，都是各行當的傑出人才，有來自粵劇界，亦有來自舞蹈、話劇及視藝媒體，其中不少屢獲獎項。

中國劇曲的舞台佈景，往往是一椅一桌，當年戲班物力有限，不得不因陋就簡，卻由此而發展出抽象寫意的演繹；《再》既保留功架排場，再發展更上層樓的視覺藝術，煙波畫船、竹籬酒帘、冷閣桐棺、宰相府堂、客舍蕉窗，幕幕都以實景來把觀眾帶入劇中；至若旋轉舞台，太師椅滑行而出，佈景從天而降，機杼獨出，莫不教人眼前一亮，未可視之為奇技淫巧。而音樂拍和，則樂器多樣，極之動聽，鈴聲份外空靈，只聽伴樂，已是一場精彩演奏。至於借屍還魂一節，富於想像，畫面之奇之美，堪稱一絕，此手法乃他山之石，傳統劇曲所無，燈光設計應記一功。而劇情之緊湊，曲文之精練，已是登峰造極，他日文學史中，唐滌生之名必與湯顯祖、洪昇、孔尚任並列殿堂。

任姐百年，衣缽誰繼？誰能把唐滌生筆下的書生還魂再世？眾裏尋他千百度，驀然回首，觀柳還琴者，原來是陳寶珠。

陳寶珠出身梨園之家，但因聲線不適合學父親的花旦，後隨粉菊花習北派，反串男角，再拜任劍輝為師，乃任姐第一個入室弟子；本應舞台騰躍，奈何正值粵劇低潮，時裝片大行其道，她回復少女打扮，大紅大紫。上天把一扇門關上，又為她開啟另一扇門。「陳寶珠嚟啦！」這句話，是六七十年代潮語，說明了只要寶珠出現，立刻萬人空巷。這位「影迷公主」，名利雙收，但僅屬偶像派，儘管電影拍了無數，演技不過一般。

情路坎坷，人生曲折，以為她息影隱居，不料到又重投舞台，演話劇、開演唱會，也演粵劇《紅樓夢》，卻未見突破發展，如在演唱會選唱周璇的〈四季歌〉，顯然是沒有掌握自己所長。今回梅花再開，重演《再世紅梅記》，由寶珠替代辭演的龍劍笙；一退一進，無意中成就了他人，世事在冥冥中自有主宰。

兜兜轉轉，寶珠終於走對了路，在《再世紅梅記》中，恍若脫胎換骨，好得令人不可置信，可謂璞玉成璧，珠光耀眼。事業巔峰原來不在寶珠芳芳爭霸時，而在回歸粵劇，回到師傅任姐懷抱之日。其唱腔、身段、做手、功架，形神俱妙，境界造詣遠在龍劍笙之上；更難得者，是任姐唸白時，尾音韻味天成，那晚聽寶珠唸白，有兩回心頭一顫，以為是任姐再世記。

舞台藝人，聲色藝俱全，方為名角；梅雪詩古裝扮相並不清麗，身材不夠高挑，亦非天生玉喉，早期表現頗為造作。藝術這一門，天份至為重要，聽說她練功極勤，將勤補拙。八十年代時，在竹搭戲棚看她演《花田八喜》中的丫鬟，有一幕她輕搖船槳，台上分

《再世紅梅記》，2014 年。

明無水無舟，但水上蕩漾，載浮載沉之情態，竟在款擺搖晃下，活現眼前，令人驚歎。後來龍劍笙移民，她與林錦堂合演《帝女花》，長平公主高華冷傲，出塵氣質她完全欠缺，用王國維《人間詞話》的評論說，很「隔」。

《再世紅梅記》「觀柳還琴」一幕，她演青衣角色李慧娘，演不出悽美幽怨；「折梅巧遇」演小旦盧昭容，卻像脱了枷鎖一樣，活潑自然，頗似村女，可見戲路必須合拍，否則難為。到了演慧娘鬼魂，厲鬼紅裳，絳衣詭艷，她一手護住文弱書生，一手擋開輕如燕悍如豹的殺手，當下衣袖翻飛，呼呼風起，既有勁度，亦有美感。「蕉窗魂合」時，但見她虛忽忽的，柔若無骨，態似不勝，儼如鬼影。如此功力，比於京崑名旦，毫不遜色。

功架，是硬功夫，不苦學不可；修為，是意志，無決心不可。梅雪詩在先天局限中，終於把鐵杵磨成針，恩師白雪仙在台下看，也會頷首欣然吧。

**轉載自《明報》，二〇一四年二月二十七日。**

# 紅梅再世精彩綻放

張結鳳

唐滌生最後創作的名劇《再世紅梅記》，藉由任姐冥壽百歲而重新打造、大規模公演，以作為紀念。不論是紀念任姐或緬懷唐哥，《再世紅梅記》絕對是任白唐這鐵三角的巔峰之作，令人懷念！

大多數任白迷最喜愛《帝女花》，而稍嫌《再世紅梅記》的裴禹個性不及周世顯可敬可愛。這是粵劇觀眾以女觀眾佔多，偏愛忠勇癡心而用情專一的男角之故。若以戲論戲，

《再世紅梅記》不比《帝女花》弱，它不僅融合文學、音樂之美，更兼顧劇力，劇場效果一流，以五十多年前的舞台表演無甚科技及佈景的助力，唐滌生能構想出這樣高水平的舞台劇（簡直不能單純以傳統粵劇視之），表演方面每一場都具有看點，可謂奇才。我向來認為《再世紅梅記》是唐滌生最成熟的作品，它改編自明代傳奇，成就卻超越原著。

正因為《再世紅梅記》是難得的好劇本，曲曲動聽、幕幕好看，當年任白及其他合演者打磨了如此精彩的表演，我覺得有必要將此劇傳承下去，問題是此劇對表演的要求實在很高！想當年，旦角演李慧娘兼盧昭容，唱做繁重，從第一幕至最後一幕不間斷地出場，情感的起伏轉折又極大，分飾兩角是不同的身份與個性，大家都清楚這是當年唐滌生為白雪仙度身訂造的角色，恐怕是前無古人後無來者。裴禹被寫成溫婉良善、可惜過於柔弱的書生，要能將此「壞鬼」書生也演得令人憐愛，更是不簡單！任姐之後，又再有誰人？當然，更少不了波叔（梁醒波）的賈似道，要演出霸氣與戾氣、好色與奸險，還有那唱腔難度極高的新編曲牌！又少不了演盧桐的靚次伯、賈瑩中的陳錦棠、絳仙的任冰兒，盡皆是好戲之人，一時之選。他們的精彩唱做與合作默契，還有何人能接棒？真正是，愈是前人優秀，就愈會出現絕唱之憾。

我這樣說，並不是我曾經觀看過以任白波為台柱的仙鳳鳴劇團演繹此劇而生慨歎。《再

《再世紅梅記》，2014 年。

世紅梅記》首演之日，也即唐哥遽然離世之時，我尚未到臨人間，無緣得看此經典。我只是憑唱片欣賞任白演繹《再世紅梅記》的精彩，而他們的藝術也確是高超，單憑聲情已能將複雜的角色演繹得層次分明，細膩動人。

因此，我是聽任白的唱片、看唐滌生的文字劇本之後，再來看舞台上的演繹的。過去多少年以來，我大概曾看過兩三次全劇及若干次其中的折子戲，算是看得甚少。

於是由任白慈善基金主辦這次紀念任姐百歲的演出，就令我十分興奮：終於又有機會看任白嫡傳《再世紅梅記》了！八十六歲的仙姐，為了紀念任姐，如此全力以赴擔任藝術總監，期待看這一台演出，是對仙姐的支持，也是對任姐的懷念、對唐哥的崇敬。簡言之，就是很想看看舞台上的《再世紅梅記》。

我事先對表演並不存有很高要求，首先是這次由任姐愛徒陳寶珠演出裴禹，這是陳寶珠首次在舞台演出這部長劇，夥拍梅雪詩，雖都是任白嫡傳弟子，兩人對此劇卻是一生一熟，只是初次合作。其他搭配，特邀廣州粵劇演員黃少飛演賈似道，也是初次出演這角色。廖國森演盧桐、阮兆輝演賈瑩中則是駕輕就熟了，演絳仙的任冰兒算是多朝元老，由首演至今仍舊是她飾演這角色。一月中旬看完戲，很滿足，相對於我的期望，也很滿意！三月下旬又再在演藝學院公演，再度令人期待。

後台合照

《再世紅梅記》，2014 年。

整體而言，觀賞性很強，劇本稍作修整，可以接受（〈觀柳還琴〉少了一段南音，有點可惜，但念到已是十一時半才完場，也覺刪減有理）。換了較新式的舞台裝置，也可以接受，我並不很在意新式舞美，有時更嫌棄新式燈光佈景破壞傳統氣質，不過此劇不算很新奇，特別之處只在〈脱穽救裴〉裝置了旋轉舞台，當殺手追殺裴禹時，李慧娘帶裴禹脱離書齋，旋轉舞台就讓他們「跑」到假石園林之中，這就加插了一些武打場面，使全劇更熱鬧。

演出方面，最令人驚喜的是陳寶珠，首次演出此劇，唱做皆合法度，表演如同脱胎換骨，不但嗓子好，唱腔控制得宜，而且身段靈巧好看，聽得順耳、看得順眼。最吸引人的是她的風度翩翩，是最具説服力的「美哉少年」，她的溫文儒雅氣質，在粵劇小生當中十分罕見。

舞台表演的唱、唸、做、表，她三項交足功課，不過唸白未過關，仍有很大不足。最明顯是唸得像生活化的口語，欠缺戲曲的韻味，但她若能繼續苦練，相信能有改進。想她接演此劇不過數個月的時間，能有此飛躍進步，不能不令人佩服。大概這就是「有志者事竟成」的最佳示範，料想陳寶珠勤練用功，仙姐也教授用心，想不到陳寶珠年輕時為了拍電影而離開舞台、拋下了粵劇，四十年後竟然能重拾「舊歡」，仙姐又竟能在任姐離世後，代任姐調教其嫡傳弟子成才，這真是對任姐最有價值的紀念！

**轉載自《星島日報》，二〇一四年三月十三日。**

# 回歸粵劇　陳寶珠圓夢

張結鳳

都說戲曲市場景氣低迷，但是香港出現一種奇特現象，久不久就有一次粵劇旺市。五月從月頭到月底，共上演二十場《牡丹亭驚夢》，認真熱鬧。

一個劇目連演二十場，在數十年前那種天王巨星當紅時期（也許梅蘭芳時代？）或許不出奇。但到了今時今日，粵劇團起班多數是每天演出不同劇目，演三幾天就是一個台期了。即使藝術節、戲曲節全新製作精心打造的大戲，也只能同一劇目演出三天左右。一槌鑼鼓響，演足二十場，只有偶像才有此號召力。粵劇界偶像，向來只有一個阿刨（龍劍笙），現在則多了一個「珠姐」：陳寶珠。

陳寶珠是上世紀六十年代粵語片全盛時期的電影明星，人稱「影迷公主」，所到之處影迷群集、萬人空巷，須借助警方開路！屈指算來，走紅足足半世紀，她所締造的偶像熱潮，實在是可供流行文化研究學者深入研究的現象。

先不要理會文化研究，戲劇，是藝術也是娛樂，總之就是要賞心樂事。以劇目而言《牡丹亭驚夢》肯定是賞心悅目，它是已故著名編劇家唐滌生一九五六年編撰的作品，與他後來的《帝女花》、《紫釵記》、《再世紅梅記》並稱「四大名劇」。由明代大作家湯顯祖的傳世巨著《牡丹亭》改編而成，故事浪漫奇情，文辭優美（甚多襲用原著的曲詞），加上當年專門為了烘托浪漫氣氛而譜寫的新小曲，悅耳動聽。因此數十年來一直是粵劇舞台上的熱門之作，上演頻率極高。這次由陳寶珠及梅雪詩擔綱演繹柳夢梅及杜麗娘，配合當今粵劇界的最強陣容，尤聲普、任冰兒、阮兆輝及廖國森傾力合演。

這台《牡丹亭驚夢》，製作的不是前年（二〇一四）陳寶珠演出《再世紅梅記》的主辦機構「任白慈善基金」。這次主辦機構一大堆：東亞娛樂／寰亞娛樂／英皇娛樂／168 Production and Engineering／智樂演藝文化／湯臣娛樂等等。大概這些都是流行娛樂的主辦

《牡丹亭驚夢》，2016 年。

者，他們不像以前由「仙姐」白雪仙主理的劇目採取重新包裝的做法：例如考證歷史修訂原劇曲詞（《帝女花》裏的明皇帝十三陵之類）、新式舞美（《帝女花》的金鑾殿、《再世紅梅記》的旋轉舞台設計），加入一些新意念、新元素，全因為仙姐對粵劇的精益求精執着追求。這次的主辦者只是老實地將戲迷數十年來看慣的場景服飾佈景照樣搬上舞台。這也好，創新總有讚有彈，原封不動就免除了議論。於是戲迷就可全心全意投入看劇情、看演員。

此劇陣容強大，幾位老戲骨演出純熟、揮灑自如，他們已是同台演繹這部戲幾十年的了，只有陳寶珠一人是首次演出此劇。老實說，我在開票首天第一時間搶購上佳座位，為的就是要看「珠姐」的。她原是電影界的「影迷公主」，倚仗青春美貌成為偶像派，慢慢轉型為依靠戲曲唱做功力的實力派，演蘭閨少女的夢中情人柳夢梅，這過程漫長而艱巨！十分慶幸，她在此劇的表現，證明她成功了。全場四個小時，柳夢梅佔戲極重，唱做繁重，陳寶珠演出到位，相當精彩！

陳寶珠從美國回流香港，已有十多年，復出第一部舞台劇《劍雪浮生》飾演「任劍輝」，藉由劇中的戲中戲唱了幾段粵曲，已隱約流露出她在舞台上的志向：不僅是進佔舞台劇這個陣地，最終的歸宿更要回歸到她的老本行：粵劇。當然這是不容易的，雖然她也是任劍

《牡丹亭驚夢》，2016 年。

輝的弟子，自小學習粵劇功架，可是她太早脫離了，當時根基未穩，唱做稚嫩，兼且移居美國二十多年，相信沒有什麼練功的機會，技藝早已生疏。因此，她在回港初期的幾部舞台劇裏，只能片斷式地碰觸粵劇，接着又在紀念任姐及八和匯演之類的場合，開始演出折子戲，增加了份量。但是與同台演出的資深粵劇紅伶相比，明顯仍有距離。

磨練超逾十年，終於在二〇一二年第一次演出全本粵劇《紅樓夢》，演林黛玉的是廣東粵劇院花旦蔣文端。二〇一四年演出《再世紅梅記》，夥拍梅雪詩，紀念任姐冥壽百歲而重新打造、大規模公演。她以兩年一度的漸進式跨越方式，二〇一六年挑戰難度絕高的大戲《牡丹亭驚夢》，表現比之前兩次為好，成績令人鼓掌，勇氣令人佩服！

若以對戲曲演員要求的「唱、做、唸、表」，我的評價是這次她表演最好，掌握角色的情緒相當準確，表情生動，神態合宜，遠遠超越及格的要求了。做功進步非常大，台步輕盈，水袖尤其靈巧，翩翩舞動滿台生色。

唱功也甚佳，任白劇目每多新編的曲牌，調門偏高，音域廣闊，戲迷聽任姐唱得如同行雲流水毫不費力，其實是高低相距十多度。這就苦了後來人了，我曾看過一些演出，男小生唱高音岌岌可危，女小生唱低音卻沉不下去。陳寶珠唱來則嗓音高低自如、穩定準確、暢順婉轉，音域已是無可挑剔。唸白仍有不足，較為生活化，其實她稍為提氣的時候就唸得不錯，只是不能貫徹全場，有時不夠好。

總體表現我是相當滿意的。最令人感動的是，「珠姐」年將七十，不但未言退休，更是做到老，學到老，為了回歸粵劇舞台，經歷了多少時日、下了多少苦功？正是：一齣《驚夢》，圓了青春夢。

**轉載自《星島日報》，二〇一六年五月三十一日。**

# 第三章——

# 訪談篇

貴乎真、善、美——影迷公主陳寶珠

陳寶珠息影後復歸平淡

「俠女百年訪」之影迷公主陳寶珠

寶珠姐演師傅 更見功架——《劍雪》綵排直擊

陳寶珠人生另一境界 復出七年

# 貴乎真、善、美——影迷公主陳寶珠

盧子英

六十年代香港有不少「明星」。國語片的有林黛、尤敏、葛蘭、葉楓等等，而粵語片也有嘉玲、林鳳、南紅、江雪等，唯獨是一個「陳寶珠」——好普通的名字，光芒卻恰如其名，到了八十年代，仍沒間斷的在觀眾心中閃耀。說實話，陳寶珠是眾多明星中最缺乏「星」味的一個，但她卻憑着一點「真」，博得了萬千觀眾的愛戴。當一切隨着時光的消逝而淡去，她仍然享有崇高的地位，說她是六十年代香港影壇最具代表性的人物是不容置疑的。

我是在不知不覺間成了她的影迷。開始注意她時剛巧是她最紅的時期，覺得她也很順眼，又知道她很紅，有很多人喜歡她，自己也受了一點影響，但頂多也是多看兩部她演的電影而已。後來到了她息影，結婚生子，有好大段日子都沒有她的消息，那時才想搜集一些她的資料，好留個回憶，怎知愈知她多一點，便愈喜歡她，終於到了迷戀的地步。但另一方面，也會理智地分析她的成就，例如她在電影、歌唱和粵劇方面的表現。

陳寶珠在銀幕上的形象最吸引觀眾，她不但怨男怨女，更宜古宜今，從《女殺手》中的江燕、《天劍絕刀》的左少白，以至《七彩胡不歸》的萍生，她都演得頭頭是道，可惜的只是當時的粵語片製作條件太差而已。至於歌唱方面，她有粵劇根底，是任白的弟子，唱粵曲有一定水準，她的《七彩胡不歸》、《玉郎三戲女將軍》及《樊梨花》等至今仍不乏聽眾。其他電影中的插曲則是應潮流所需，大部份都不太動聽，她的嗓子也不適合，唯有幾首較特別的可以當是她的代表作，為首的自然是《女殺手》，此外還有《紅葉戀》、《影迷公主》和《彩色青春》等幾部電影的歌曲，同時是六十年代末期她最紅的當兒的作品。

最近有機會在電台聽到陳寶珠訪問的錄音，儘管內容並不充實，但單是可以聽到那把「成熟」了許多的聲音已充滿親切感。更難得的是一些昔日的影迷來電談及自己對寶珠的觀感，那種十年如一日的愛慕心態的表白，真的令人感動。不過，還有一件更令我感動的

《玉郎三戲女將軍》，1967 年。

事最近卻遇上了，這也是我寫這篇文章的原動力。

那是兩周前的事了，朋友馮某對我說早兩天在住所附近拾到一件很有趣的東西，而且必定合我意，於是不管三七廿一便叫他帶那東西來看個究竟。第二天，終於看到了，原來是一個一呎乘呎半的破舊皮箱子，一邊的扣子已失掉，用一條白繩綁住。這個箱子雖然不大，拿上手可是重甸甸的，心想裏面究竟放了什麼呢？順手便解開繩，同時將一邊早已生銹的扣子打開，眼前的竟就是她，箱子裏原來放滿了重重疊疊的陳寶珠資料。由戲橋到畫冊到黑白簽名照到彩色咭甚至海報月曆無所不備，之下還井井有條的放了一大疊《銀燈》、《明燈》、《娛樂新聞報》之類的報刊，無不刊滿陳寶珠的消息圖文的。那一刹那間的感覺真的很難以筆墨形容，主要是完全沒有心理準備。但當我和朋友細心地將箱子裏的東西一份一份的拿出來細看時，我真的感動了，為的是未曾親眼見過一套如此完美的影迷收藏。也同時被幾個問題所困擾，皮箱的主人現在何處？她為什麼要將自己的收藏拋到街上？她如果知道拾到這個皮箱的人也是珠迷，她會有什麼反應？諸如此類的問題當然沒有答案，但我和朋友也作了一些假設，然而最令我難忘的仍是一個影迷對陳寶珠愛慕的心態，完全在這個小皮箱子中表露無遺。

我不得不對陳寶珠的魅力作重新估計，正如她自己說，她不美，知識水平不高，不會

《樊梨花》，1968 年。

打扮，不懂人情世故，怎可能受到千萬觀眾的歡迎，難道真的是靠運氣嗎？想了很久，似乎又給我找到一個答案。我不否定陳寶珠走紅的當兒有多少是受環境影響，諸如香港經濟開始蓬勃又或者電影開始邁進彩色紀元等等，但最重要的還是她自己。她既安於本份，待人誠懇自然，更有一份中國女性獨有的美德。這一切可能是她影片中其中一個角色的性格，但事實上她為人確是如此，只要稍加留意，不難從她的談吐間察覺到，和影迷間的溝通就更見明顯。

十多年來，關於陳寶珠的新聞着實不多，最引人注意的該是她「復出」的問題了。據知早幾年已有不少導演片商力邀她重作馮婦，但都被她一一拒絕，就是最近傳出她會演粵劇的消息，似乎也是一些不大真確的報導。不錯，陳寶珠在觀眾心目中仍有一定的叫座力，但我雖是影迷，卻不希望再次見她粉墨登場，理由很簡單，我根本不可以將六十年代的寶珠形象和今天的娛樂圈拉在一起，她的成就，就讓之停留在《女殺手》、《紅葉戀》和《銀燈》、《陳寶珠畫集》裏頭，作為一個年代的象徵，作為一班與她一起成長，卻仍然不能忘懷那光輝日子的觀眾永遠的偶像吧。至於那個小皮箱，我會原封不動的放好，等待一次在它原來的主人或者陳寶珠面前打開的機會！

**轉載自《電影雙周刊》，第二二八期，一九八七年。**

# 陳寶珠息影後復歸平淡

汪曼玲

從六十年代走紅至今，陳寶珠從未接受傳媒之邀，拍攝生活照片，在溫哥華的陽光下，寶珠拿着一瓶肥皂泡吹出一串串的泡泡，悠閒輕鬆。作為萬千影迷擁戴的偶像，她總是和顏悅色，對人和和藹藹，她認為這只是做人的基本道理。鮮有公開內心世界的寶珠，接受了本刊的詳盡訪問，談及她的一切一切……

在公園的教堂前為陳寶珠拍照，剛好一對新人禮成步出教堂，親友們魚貫而出，人人臉上喜氣洋洋，手上拿了一瓶瓶的肥皂泡，泡泡吹得漫天遍地。

我向主人家拿了一瓶肥皂泡，交到寶珠手上，她毫不猶豫加入吹泡泡的行列，吹出一串串的泡沫，有些大、有些小、有些接觸了空氣，來不及細看，一下子煙滅；有些隨風飄盪，愈升愈高，在陽光下璀璨生輝。

一陣眼花撩亂之間，驀然回首，竟發覺有一個更大的泡泡，以緩慢的速度冉冉上升，遺世孤立，單純潔淨，已達到渾然忘我的境界。

忽然醒覺，那個泡泡不就是遠在天邊，近在眼前的陳寶珠，雖然是泡沫人生，卻有令萬千影迷至今愛戴，無法忘懷的魅力。

「寶珠，很多謝你答應為《明周》拍照，聽你說起來才知道，從六十年代走紅至今，你從未接受過傳媒之邀，拍攝生活照片。」

「我那時根本沒有時間，記者拍攝的照片，要不是來片場探班，就是每逢七公主聚會。記得有一次聚會的地點在新娘潭，記者便分別為我們拍攝照片。

至於送給影迷的照片，我只在國際及沙龍拍硬照，手抬高一吋，頭挪過三分，一下子就可以拍不同款式的幾套照片，像這樣為雜誌拍照片，絕無僅有。」

## 女鐵人難得傷風

「你的照片在影迷心目中奇貨可居，肯定洛陽紙貴，恐怕信和中心買賣明星相的玩意，無法和你受歡迎的時候比較。」

「我的照片一出，影迷多搶購一空，一式多款永無存貨。我們當年的情況，的確和現時有些差別，以前的影迷選擇不多，對愛戴的偶像自然比較長情；現在歌、影、視三棲，明星層出不窮，影迷自然選擇較多。」

「翻查你的資料，你共拍了二百多部電影，單是從一九六五至一九六七年的三年，每年就拍了三十多部，恐怕可以申請入健力士大全，成為影星一生中拍戲最多及一年拍片數量最多的紀錄保持者。」

「我拍了這麼多的電影嗎？只記得有好幾年我的睡眠時間相當少，並且博得了一個女鐵人的稱號。」

「稱呼你女鐵人，即表示你挨得。」

「一日拍幾組戲，何來時間睡呢，所以通常趁打燈光時，我在片廠便躺在沙灘床上，影迷來探班也顧不了儀態，睡得好甜，就只略睡半個小時或十來分鐘，體力都很容易恢復，無論睡得多熟，工作人員來叫一聲，我已可以彈起身照常投入拍戲。

人家叫我女鐵人，只因為我不會因為休息不夠而憔悴清減，反而愈拍愈肥，並且胃口奇佳。我很喜歡吃東西，尤其雞髀、燒鵝髀、乾炒牛河，加上一大堆雜糧，拍戲好像開大食會。

還有一件事常人不及，就是我從不傷風，不管我如何捱更抵夜，在寒冷的冬天穿單薄的戲裝，亦從未把我冷病過，基本上，連一個噴嚏都未打過。看到人家動不動傷風，不知道多羨慕，一心想嘗嘗打噴嚏、鼻塞的滋味，我甚至用牙籤放進鼻孔，亦只求試試打噴嚏的感覺。

我第一次患重傷風，還是在楊天經四個月大時，首次做媽咪，心情緊張，加上每隔四小時餵奶，那次真的冷病了，我才真正知道什麼叫做傷風感冒。

一世人到現在，我估計傷風不超過五次，也算託賴。」

「聽說你在最走紅、最忙碌時，依然很遵守演員道德。」

「我的確很有演員道德，和我合作過的導演及工作人員都很清楚，幾點鐘發通告，我永遠就準時進片廠，絕對不會發一點通告，因故不來三點才露面。那時候，經常早上拍古裝，晚上拍時裝，在車上打個瞌睡，已可補充體力。」

1996 年攝於溫哥華。

## 保皇黨貼身保護

「一個人在最青春煥發的期間，一日二十四小時全部奉獻給工作，會不會心存怨懟？」

「我從來不會怨懟，根本沒有人迫我拍戲，拍戲是我自己甘願，可以説我很喜歡拍戲的環境，每日入到片場，有一大堆人，又有東西吃，氣氛熱鬧。我不但毫無怨言，而且拍得異常開心。

每個月的九號，七公主全部休息，定為互相聚會的一日，後期我又自己選擇了二十號休息一天，不過這一天，通常也會用來收音、補戲、出外景，多半是工作半天，只有半日休息。」

「在青春期間，廢寢忘餐地工作，別人亦無法和你接觸，可有交到同年紀的朋友？」

「雖然屬於自己的時間少之又少，但我也總算交到好幾個好朋友，連我在內，共有七個人，這個小團體，叫做保皇黨，我是皇，她們保護我。保皇黨分工合作，和影迷見面時，我拙於辭令，保皇黨就有御用大律師替我度台詞；又有御廚、御醫，另外一些負責帶食物到片場探班。

當我拍外景時，保皇黨也會出現，新界地方當時仍很荒僻，拍外景又可順便郊遊。她們甚至搭一個爐，在外景場地煮起一品鍋，讓我休息時品嚐。

我自己難得的一天假期，多數和保皇黨一齊度過，我最喜歡去天星保齡球場打保齡。我們甚至有制服、T恤、短褲及徽號，每次見面多數穿上制服，象徵着保皇黨的友誼長存。」

「保皇黨只是一個屬於你個人小圈子的團體，喜歡你的影迷，當年又以何種渠道來接觸她們心目中的偶像，是否組織影迷會，就可以和你見面？」

「在我們那一個年代，資訊沒有現時發達，現在無論影迷人數多少，一個國際歌迷會已可兼收並蓄。那時由於環境較單純，影迷之間又互不認識，於是你有你組織，我有我成立影迷會，最高峰期影迷會多達二十個左右，各自為政，名稱亦各異。譬如：影迷公主影友會、寶珠影迷會、玉女影友會等等，人數都在數十至一百之間。

每個影迷會成立之前，都會先徵求我的意見。我通常只在影迷會成立的第一次時出現，其餘的時間，相熟的就會相約來片場探班。」

## 九歲入行遭白眼

「在她們眼中，寶珠姐姐雖曾是紅透半邊天的大明星，但始終為人真誠，沒有任何架子，這可是珠迷對你多年來依然不離不棄的原因？」

「一直以來，我的人緣相當好是事實，我最大的財富就是有很多人喜歡我，而且保護我。我承認自己是個真誠又沒有架子的人，無論是過去走紅及現在，我對人永遠一視同仁、平等看待，適當的時候予以關懷。

待人接物的態度，也許是從小的環境造成，一向我的自卑感相當重。九歲時開始拍《秦香蓮》，當時寶寶已經很紅、很吃香；而我只是演一些小角色，在功利的社會，無形中很容易被人冷落。發通告，我永遠是最早去，又是最遲走的一個。

我天性又怕事，被人欺負也不敢開聲，不開心時，我最叻沉默抗議，什麼都放在心裏。在片場受了無盡的冤屈氣，細細個嘗透了人情冷暖，更讓我深深明白到人與人之間不論富貴貧賤，都需要尊嚴及別人的尊重。

我從小拍片，讀書不多，能夠走紅，我常告訴自己，我只是比人家行運而已。長大後片約愈來愈多，開始走紅，我仍像往常一樣，以平常心待人。

遭受過別人白眼，也遭人冷落、責罵，一切點滴在心頭，因此到自己成為別人的偶像時，有影迷仰慕我，我從不拒人於千里。我看到人家老遠到片場探班，我只感受到她們的一份深情及對我的尊重，只是和她們聊聊天、拍拍照、簽簽名，我何不滿足一班愛我的觀眾？

我自己受過很多閒氣，己所不欲，勿施於人，我沒有必要將情緒發洩到別人身上，儘管我拍片很累，看到影迷來，我總會和顏悅色，對人和和藹藹，只是做人的基本道理，而且人家也不是事必要喜歡你！

人家對我好，愛護我，我只會感激。」

「人家是萬人迷，你卻是萬人緣，很少看到一個人像你人緣那麼好，就算你停止拍戲二十幾年，只要有人提起寶珠，大部份人都說你是他們的偶像，非常非常的喜歡你。」

「是不是很奇怪？我有時也會問自己，為什麼我人緣這麼好，有這麼多人喜歡我？講到靚，我又不是特別靚；講到氣質又不算很有氣質；不知什麼原因一直得到不少朋友的愛戴、維護。」

「會不會是你品性溫良恭順，沒有殺傷力，所以朋友特別對你好？你的師傅任姐人緣也是一等一的，我常常覺得，任姐生前就像一個溫暖的太陽，散發出的光和熱，讓人家很願意親近她。而你呢，充其量是一個掛在天邊清亮的月亮，幽幽靜靜卻明亮。」

「第一次有人形容我是月亮，我也不知道對不對。我這個人的確被動，也許是性格關係，我非常的保守，又怕羞，永遠不敢採取主動？」

## 對愛情仍有憧憬

「交朋友都被動，那談戀愛呢，重視愛情嗎？」

「我是個非常重視愛情的人，要嘛就不去愛，一旦愛上了就會投入和專一。我需要觀察一段很長的時間，才可接受別人，事實上，他人也不容易接觸我，如果我一旦接受了，對方在我心目中什麼都好，就算錯也會盡力維護。」

「你那麼保護自己，在感情道路上又可有被人傷害過？」

「就因為我不容易付出感情，一旦付出便徹底投入，在感情道路上，我被人傷害過，很坦白說，一次傷害差點足以致命。

當時幸好有一班朋友的愛護、勸解、陪伴我渡過難關。一個人感情被創傷時，好像有流不完的眼淚，吃不下，睡不着，就只會哭，眼淚如可以儲存起來，大概也有好幾桶。」

「曾經受過愛情重傷，很悽慘，對愛情你還有憧憬嗎？」

「經過一次重傷，我心底的確有些害怕，但在另一方面，我始終對愛情有憧憬和寄望，我喜歡戀愛的感覺，而且人總要找一個伴，所以，我相信自己總有機會等待下一次緣份的出現。基本上，兒子在我心目中也佔相當重要的比重。」

## 與兒子拖手逛街

「你和兒子楊天經的母子感情很濃。將來兒子長大了，有自己的世界，你會不會是一個佔有慾非常強烈的母親？」

「我絕對不會，一切以兒子的幸福為大前提。為了愛惜經經，我會是天下間最開明的奶奶，一定很疼新抱，絕對不讓兒子夾在母親及太太之間，左右做人難。

我和兒子的感情，就像朋友，我們兩人從不向對方隱藏秘密及心事，凡事都拿出來討論、商量。兒子二十一歲，他依然喜歡和我手拖手行街。

我愛兒子甚於一切，經經也很肉緊媽咪，看到我不開心，情緒低落時，經經會勸我、開解我。每次他放假，一定回到加拿大陪我，假期完畢，返回美國升學，他又會情商熟悉的 auntie 來照顧媽咪。

當我感情上遇到挫折時，經經也會像一個大人般來安慰我，他說，媽媽，不要怕，我永遠在你身邊。想到他說這句話，心裏就一陣溫暖。」

「一九七二年拍《壁虎》，距今二十四年，一直以來，找你復出的人絡繹不絕，據我所知，今年（一九九六）劉鎮緯、元奎、黎大煒飛到溫哥華，情商你復出，最後依然無功而退。」

「你覺得我有復出拍戲的必要嗎？平淡的生活是我自己所選擇的，直到現在，我都無意改變？」

「你只要多拍一部電影，加起來就是二百五十部，亦可以為你的演藝生涯畫上句號。」

「其實是否畫上句號並不重要，問題是我有沒有必要再拍片，我不是一個生活奢華的人，目前已習慣了平平淡淡的生活，已覺得很安逸，很舒適。

我沒有必要隨隨便便拍一部片，為自己增加無形壓力。」

「假如有一個好劇本，加上天時地利人和配合呢？」

「那時再作打算，能夠不拍就最好不拍，除非有一個題材讓我心動。」

「你息影多年，生活依然安穩；可見你走紅時賺了不少錢，又投資有道，讓你無後顧之憂。」

「千萬別誤會，那絕對是我媽媽宮粉紅的功勞，以前拍戲，有關片酬的事，我從來不管，每日我只會入片場工作，那時候我完全不知道錢的好處。

每個月我只有固定的幾百元零用，那筆錢我用一個小小的保險箱收藏起來，加上工作忙，放假時最多打打保齡、喝一杯冷飲，根本連花錢的機會也沒有，我直到結婚時，身邊也沒有錢。因為我不習慣用錢，人家也說過我孤寒，現在比較疏爽，也可以請人吃飯。

事實上很多謝媽咪，我拍戲所賺到的金錢，若干年後，她陸陸續續的交回我手上，讓我處理；媽咪自己很節省，我賺的錢，她一分一毫都不肯亂花，相當難得。

小時候，媽咪很威嚴，我很怕她，年紀大了之後，媽咪變了，變得很慈祥，每年她都喜歡到外國和我住幾個月。」

## 親娘不及養娘大

「知道自己是養女之後，亦無改你對宮粉紅的孝順？」

「親娘不及養娘大，以前細個，什麼都不懂，只有絕對服從的份兒，家裏安排拍戲，我也拍得挺開心，後來媽咪叫我在美國登台後留下來唸唸英文，我也聽從。這麼多年來可以看得出，媽咪的決定沒有錯，她其實什麼都為我想，為我好。

假如媽咪不妥善為我保存賺到的錢，如今才交到我手上，恐怕難有今日的安樂日子。直到現在，媽咪仍然不放心，她常怕我單純，怕我被人欺騙，那完全是一份愛護的心理，我好好的孝順她是很應該的！」

「你最紅時拍片，片酬高達二萬元，當時這筆片酬已可買下一層樓，你在三年間拍了一百部以上的電影，可見幾十年前的你，已是個小富婆。」

「我早告訴你，有關片酬的事，我完全不接觸，至於片酬二萬，倒是事實。」

「你現在才知道金錢的好處。你自己又最捨得在哪方面花費？」

「我喜歡扮靚，我最捨得買衫。

拍片時太忙碌，以前又不流行時裝造型及設計，所以總是穿上一些不稱身的衣服，明明 baby fat，有一雙粗肥腿，我又學人穿短裙；手臂粗，又學人穿雞翼袖；經常自暴其短。

經過多年來的生活體驗，學學人也看看自己，加上用心研究，我覺得我目前比較懂得穿衣之道，簡單、自然、舒適、大方的衣着最適合我。」

「到了明年（一九九七）一月一號，寶珠就已屆五十歲，怕不怕老？」

「五十歲啦！我都不信自己轉眼已五十歲，當然怕老。到底五十了，幸好年紀大，心境年輕。

我以仙姐為榜樣，她仍然那麼美麗、雍容，看到仙姐，也多了一份信心。到了年紀大，最緊要是健康，和保持心境愉快。」

## 自覺相當有福氣

「對自己的一生，算不算滿意？」

「非常的滿意，像我這樣好的運氣，做人先苦後甜，有什麼不好？何況在身邊一直有一班好朋友愛護我，我甚至覺得，我是一個相當有福氣的人。」

不經不覺，陳寶珠闊別影壇二十五年，依然得天獨厚的成為萬千影迷愛戴的偶像，實在是影壇的一大傳奇。

移民外國後，寶珠只偶爾返回香港，喜愛陳寶珠的影迷亦只有在電視的粵語長片及粵語電影回顧展中，再睹陳寶珠的風采。

白雲蒼狗，滄海桑田，經歷了這麼多年，與寶珠共同成長的珠迷，已步入中年，進入人生的另一個階段，而珠迷對寶珠的支持和愛護，卻是恆久不變。

**轉載自《明報周刊》，缺期數，一九九六年。**

# 「俠女百年訪」之影迷公主陳寶珠

鄭佩佩

《南方都市報》在中國電影一百周年時，由六十位傳媒電影人，評選出了「百大影星」、「百大導演」、「百大影片」，編輯泊明先生特意來香港一回，希望我能訪問到其中一部份影星和導演。

一開始，泊明希望我能從最年輕的章子怡寫起，但是那陣子子怡一下子美國，一下子中國的。後來香港金像獎時，子怡人是趕來參展了，本來就來去匆匆的，一得獎更是忙得不可開交。

最後我跟泊明說了，不如還是讓我先訪問一些退下來的藝人，一來不用我跟着他們團團轉，再說都跟我比較親切一些，泊明同意了以後，我第一個挑的是我們那個時期的超級偶像陳寶珠。

陳寶珠前陣子正好在重演舞台劇《劍雪浮生》。那天我去到香港演藝學院後台時，已經有不少影迷守候在那裏，寶珠一到，就被影迷們圍着拍照。我還沒來得及走向前，她的兒子楊天經已經走了過來主動跟我打招呼，同時把我帶去寶珠的化妝間。

不久，寶珠走進來，她跟我握手以後，第一句話和天經一樣，同樣是問我看了她們的劇沒有，我重複了我的答案，「看了，你們首演那天我就來看了，但是那天太多人了，我沒進後台去打擾你們。」

寶珠對我說，「那是我最緊張的一場，事實上我天天演，日日都那麼緊張，我的手是冰冷的，一直要等到謝幕，我才會鬆口氣。」

陳寶珠，廣東新會人，一九四七年出生。陳寶珠從影是受到唱粵劇的父親陳非儂與母親宮粉紅的影響。由於寶珠幼年聲線低沉緊促，身子瘦弱，雙眼又小，不宜學旦角。兩人幾經考慮後，才決定讓她學生角。九歲開始隨平劇名伶粉菊花習北派武功及京劇，經常與粉師傅登台表演；十歲開始與梁醒波的女兒梁寶珠演粵劇，然後轉上了銀幕。師傅任劍輝更是香港粵劇史上最受歡迎的女文武生。陳寶珠是任劍輝唯一根據粵劇界古老儀式收入門下的弟子，也曾客串演出過粵劇。由於陳寶珠長得男孩子模樣，又懂得武功，所以在武俠片《六指琴魔》（一九六五）中反串，第一次擔當男主角。同年，由楚原導演的《黑玫瑰》，是陳寶珠揚名之作。《黑玫瑰》是部中西合璧的俠盜奇情動作片，南紅與寶珠演女俠盜，屢做大案，劫富濟貧，謝賢則扮演保險公司派來偵查的專家，發展出曲折、懸疑的劇情，變化莫測。這部粵語片在當年十分賣座，開創了粵語片所謂「工廠妹」的時代。

「我們相識那麼多年了，這好像是第一次我們坐着一起聊聊天。」這竟然是我的開場白，真有點老土。

「是啊，我們雖然都是屬於那個時代的，但是我拍的是粵語片，你拍的是國語片，我們可以說是在兩個完全不同的圈子裏成長的。」

「不過那個時候，一年至少也有兩次見面的機會啊。」我提醒她，「你不記得每年十大明星領獎時。」

「那倒是，那時有國語片十大明星、粵語片十大明星。」

六十年代，年年都會有十大明星選舉，我們兩個年年都有份，只是我是國語片的十大

《黑玫瑰與黑玫瑰》，1966 年。

明星之一，而她卻屬於粵語片的十大明星。

「基本上，我這次是來向你報喜的，你聽說了嗎？今年（二〇〇五）是中國電影一百周年，內地報界在兩岸三地選出了一百名影星，你是其中之一。」

「哦，不單只是香港地區？」

「是的，還包括了台灣和中國大陸。」

「但是，我已經沒有拍電影好久了。」

「還有比你我更久的，已經作古的也不少，而且亦包括了國語片、粵語片。」

「哦，那我真感到好開心。」

她開心時也是淡淡的，很含蓄的，不像我那樣會興奮地大叫，甚至於向我所有的親友發出電傳，我要告訴大家，說自己不枉此生。

我看着她，不知道從何說起，最後為了節省時間，我決定單刀直入，「寶珠，你什麼時候開始拍電影的，是先學戲呢，還是先拍戲的？」

「我是先學戲的，我很小就跟粉菊花師傅學京劇。」她開始跟我介紹。

「哦？我看了你的《劍雪浮生》，我還以為你是任劍輝的徒弟呢？」

「沒錯，任姐是我的師傅，我是後來跟在她身邊拍戲，看她演戲，聽她唱戲，你想她那麼忙，怎麼可能真的給我上課呢，我應該算是跟粉菊花師傅學的戲。我媽媽是宮粉紅，她是唱粵劇的，我父親陳非儂也是唱粵劇的，而我師傅粉菊花是教京劇的，她是唱文武生的，所以我跟她學的也是文武生。」

「那麼説，你是學男的？」

「是啊，我一直是反串男裝的，似任姐一樣。」

「那你是什麼時候開始拍電影的？」

「我第一部電影應該是在我九歲那年，拍的是《秦香蓮》，戲裏我是反串扮一個男仔，那年跟着我又拍了兩部國語片，《雨過天青》和《童軍教練》，其中《雨過天青》是岳楓導演的。」

「是嗎，你也拍過岳老爺的電影啊。」我聽明白後顯得特別興奮。

「我那時才九歲，什麼都不懂，只記得岳老爺很嚴肅，很認真，又是個大導演，所以我很怕他。」

「在岳老爺那部電影裏，你演的也是個小男孩嗎？」

「不，那部電影我是演小女孩。那時我們這些小鬼頭等於是茄喱啡，所以沒有人理我們，不過我記得我們幾個小鬼，自己還是玩得很高興的。」

「哦，就是從這以後，你就一直拍電影了，也就是說，是從九歲開始就一直拍下去了？」

「差不多吧，其實我從小就很喜歡拍電影，也沒人說我非得一定去拍，我就是喜歡。」

「那麼開始的時候，他們是怎麼找到你的呢？」

「那時那個圈子很小，大家互相都認識，他們有部電影要找小孩來演，又知道粉菊花師傅這裏很多小孩，就找到我師傅那裏了，我大概是這樣被他們選中的吧。」

「你一開始不是也拍過國語片嗎，那麼為什麼你後來多數拍的是粵語片呢？」

「那時候只有大公司拍的是國語片，我不屬於任何大公司，所以多數是拍那些獨立製片的電影，大部份都是些粵語片。」

「你真的拍了好多電影，有沒有統計過，你一共拍過多少部電影啊？」

「算不清了，反正粵語片拍得很快，不像你們國語片，我們幾天就一部了，而且那段時間，我幾乎沒停過，一部接着一部的，有時一天還得趕好幾個組。」

「我看你至少拍過一百部電影吧，寶珠，你拍過的那麼多電影裏，有沒有哪一部電影，你自己覺得是比較滿意的呢？」

「滿意我就不敢說了，」她四十年如一日，永遠是那麼謙虛的，「不過有幾部是比較受落的，譬如說《胡不歸》、《女殺手》這些。」

「上次我在邵氏大牌檔的節目中訪問天經，好像你在退出影壇之前還拍了一部邵氏的電影，還是部武俠電影。」

「是啊，那是楚原導演的《壁虎》。」

本來我想問她感覺怎麼樣，但是被站在一邊的家寶打斷了，實際上家寶站在那兒半天了，她像是想說什麼，但看見我和寶珠愈聊愈起勁，不知道從哪兒插口才對，終於忍不住了，「寶珠姐啊，這個影迷是從美國來的，她已經等了你半天了，你能不能先跟她拍一張照片，可以讓她先走。」

寶珠跟我打了個招呼，就出去應酬她的影迷，她對影迷的感覺特別舒服，親切得就像是招待一個很久不見的老朋友。

她再回來時我衷心地向她道，「寶珠，你真了不起，你的那些影迷，至今仍然是對你那麼忠心，真可以說是一輩子了。」

提到她的那班擁躉，她充滿了自信，「她們跟着我那麼多年，我們一直都保持聯繫，你知道嗎，現在她們有的都已經做阿婆了。」

「你有這一群最忠實的影迷支持你，你那齣《劍雪浮生》再演多一百場都不用擔心。」

她默認了，當然讓她認同，不是件簡單的事，她實在是太謙虛了。

《女殺手虎穴救孤兒》，1966 年。

「她們一定也很疼天經吧？」

「是愛屋及烏吧。」

提到她的寶貝兒子天經，寶珠眼睛都亮了，整個臉都發出了光彩。

「沒想到吧，我們的孩子都走回我們同一條路。」

「是啊，他們喜歡，有什麼辦法？」

「當天經第一次告訴你，他也要走娛樂界，你的第一個反應是什麼？」

寶珠並沒直接回答我的問題，「他小時候我和他一起住在加拿大，到了上大學，他說要到美國德克薩斯去讀。」

「他主修什麼？」

「經濟。」

「那怎麼會想唱歌呢？」

「我也想不通，不過當他跟我說的時候，我的要求是必須把大學讀完，拿了大學文憑之後，他想做什麼都可以。」

「有沒有一點失望？」

「他喜歡我也沒辦法，我不能說什麼，只能分析給他聽，讓他想清楚，自己做決定。」

「你在娛樂界那麼多老朋友，你是怎麼幫他的呢？我前些日子看台灣的一個節目，好像是張小燕訪問馮寶寶，寶寶說你為了天經開演唱會，她也來做你的特別嘉賓呢。」

「哦，是的，但是我還能怎麼幫他呢，我跟他講了，我是幫不了他的，因為我不可能去跟娛樂界的人應酬的。」

「你和天經的關係怎麼樣，是相依為命那種呢？還是像朋友那種？」

「應該說兩樣都是，他很黏我，很聽我的話，我說一句，比其他人說十句都強，他很懂事，從來不向我伸手要錢，不過我當然了解他的情況，所以我會借題塞點給他。」

「你只有一個容易多了。」

「其實我一直很遺憾，我特別喜歡小孩，尤其一直想有個女兒。」

「我給一個你吧，反正我有三個那麼多。」

我就愛拿這個跟人開玩笑，因為通常女人生了兩個男孩就不再追了，只有像我那樣一連生了三個女兒，才會迫不得已再去追一個兒子，或許反倒是這樣，老來就少了那份遺憾。

「不過天經說，如果我真的會再生的話，他寧可要一個弟弟，他怕真有了一個妹妹的話，我一定會把所有的關愛都給妹妹。」

「沒想到天經還長這個心眼。」我們兩個發出會心的笑，不同的是我的笑，是笑聲驚人那種，她的笑是從心裏發出來，臉上寫滿了「幸福」。

「如果有個女兒像你的Marsha那樣像你，多好玩啊。」

「看來Marsha真的很像我，我同四哥（謝霆鋒的父親謝賢）認識四十幾年都沒兩句，但最近每次見他，他都很主動跟我說話，不過說來說去，就是說Marsha像我，『真是像得不得了』。」

「你們真的是很像。」

「外形來說，天經倒不怎麼像你，不過他個性好像還蠻像你的。」

「實際上，他還是像他爸爸，有時候還是會很暴躁。」

我沒想到寶珠會主動提起天經的父親，但我不是那些八婆記者，所以並沒有去挖她的私生活。

「那你對天經有什麼期待。」又是老掉牙的問題。

「也沒什麼，只是希望他這條路可以走得順順利利的，他們現在跟我們以前不一樣，我們以前簡單很多，容易很多。」

「他自己呢？有沒有一個目標，想做到什麼樣的程度？有什麼樣的成績，是做一輩子呢，還是三年五載。」

「他有一個目標，他希望以他的偶像來做個榜樣吧？」

「哦，他有一個偶像？不會是你這個媽媽吧？」

「怎麼會是我呢？」寶珠有點懷疑地看着我，似乎我該早知道才對，現在哪個兒女真的會把自己的父母當成偶像，「是華仔劉德華，我告訴他，華仔有今天的成就是完全靠他的努力，他如果以華仔做榜樣，就更應該用心去做，做出成績來。」

「寶珠，那麼你有沒有想過重出江湖，再拍一部電影玩玩啊？」

沒想到她反應特大，「哦，不，我想我不行了。」

「怎麼不行呢？我相信一定有很多人給你送劇本。」

「確實有不少人找過我，送故事大綱來給我看。」

「沒有合適的？」

「那倒也不是，有人還專誠為我寫故事。」

「為什麼都沒令你心動呢？」

「不是不心動，是我對自己沒信心，我已經太久沒拍電影了，和電影已經完完全全脱了節了，現在的電影和我們那個時候已經完全是兩回事了。」

「但是為什麼做舞台劇你就不在乎呢？」

「舞台劇不一樣，演出之前已經有很多的排練，到了站在台上的時候，雖然我仍然還是很緊張，但是對自己已經很有信心了。」

「最近我也在排舞台劇，但是你知道嗎？那種感覺跟你的完全不一樣，我覺得舞台劇實在是拖得太長，像是永遠沒完沒了的，或許我太習慣拍電影拍電視吧，今天拍今天了，沒有那麼長命。」

「但是每次演出的那種感覺，那種興奮。」她已經陶醉在其中。

我看了一下錶，半小時又過去了，「我也得走了，我還有最後一個問題想問你。如果再來一次，你會不會走回同樣的路啊？」

「你的意思是，做個演員？」

「嗯，你仍然會做娛樂界嗎？」

她毫不猶豫，很肯定地回答我，「我還是會做個演員，我從來沒後悔過，真的，從來沒有。」

「我也一樣！」我帶着自己的這句心聲，離開了寶珠的化妝間。

**轉載自《南方都市報》，二〇〇五年五月二十七日。**

# 寶珠姐演師傅　更見功架——《劍雪》綵排直擊

黃慕茵

當年陳寶珠復出，演舞台劇《劍雪浮生》是城中盛事，記者會的沸揚、演出的盛況，均歷歷在目，原來不知不覺已過了六年，而它今年載譽重演，適逢任劍輝忌辰十五周年，想必另有一番意義。

寶珠姐再次扮演師傅，自言大有改善空間：「有時真不知是否能演到任姐的神髓，尤其一些內心戲，要很細心掌握。」但見她在綵排期間一點不敢怠慢，自己的戲份固然交足戲，同時也十分留意其他人的表現，又不時看看劇本，偶爾 Timing 不準、對白出錯，也畢恭畢敬聽候指導。

由上個月二十五日起至今，《劍雪浮生》台前幕後已綵排了近一個月，這天晚上在「春天」排練室，大家亦非常熟練地，一口氣將第二幕排演一次，內容是仙鳳鳴成立後，唐滌生在任白二人的支持、鞭策下，寫出《牡丹亭驚夢》、《帝女花》、《再世紅梅記》等膾炙人口的劇本，可惜才子英年早逝，任白不久亦告別舞台。

「上次我完全沒有舞台劇的經驗，很多東西不懂揣摩，於是排練時專心看別人怎樣演、怎唸對白，再從中捉摸。現在演過一次《劍雪》和《煙雨紅船》，算是有了些經驗吧！對劇中人有更深了解，信心也大了。」寶珠姐在休息時跟記者説：「King Sir 上次輕輕放過我，今次更細心地『執』，在感情表現、節奏上的要求高了。」

鍾景輝（King Sir）再次為《劍雪》執導。他指出，劇本只有很小部份的改動，只加了一場折子戲、一場歌舞，比上次略長一點，因此重演版本跟六年前的分別不大，他的導演手法、對演員的要求亦大致相同：「最不同的是佈景，上次比較實，今次比較虛，劇場感重一些。」

攝於後台
《劍雪浮生》，2005 年。

## 精彩劇情

一：打雀打出《牡丹亭》。「這是一部 Chronological（按年代順序排列）的戲，說的是仙鳳鳴的發展過程，表現任、白、唐三人對粵劇的堅持。如果要說哪場戲是畫龍點睛，我會說是打麻雀這一場，杜國威寫來龍精虎猛、充滿趣味，也表現了白雪仙對粵劇改革的決心有多強。」King Sir 說的這場戲，確是妙趣橫生。

唐滌生、梁醒波、蘇少棠等人最愛在任姐家搓幾圈，仙姐不懂此道，卻在旁叫唐把《牡丹亭》改編，她想演杜麗娘。「湯顯祖的東西很深奧，你看得懂嗎？觀眾會明白嗎？」唐回答。

「你們打麻雀不過是想刺激，我跟你們一鋪過，最快食糊的可拿走所有籌碼，還有話事權。」結果任姐鬆章、仙姐食糊：「我不要籌碼，我要唐哥一個劇本……唐哥，粵劇改革是時候，就由仙鳳鳴開始吧！」唐答應，破天荒寫了由花旦擔戲、有台位有指示的完整粵劇劇本《牡丹亭驚夢》，廣東粵劇的歷史從此走上新一頁。

二：七情上面扮任姐。劇情講到，任姐順得人，接下不少電影，在片場的不同攝影廠同時趕四組戲，有導演想到拍她幾個表情大特寫備用。包括驚慌、怒目、露齒而笑。

「我不敢說自己這次更似任姐，只是盡量去做，但亦不想太刻意（去扮），任姐做戲做人都很自然，她的戲是自然流露、感情充沛，本身亦以真性情待人。」寶珠姐談起師傅，永遠有敬意。

三：落花滿天蔽月光。一九五七年，仙鳳鳴已是第四屆排演《帝女花》，據聞白雪仙為多要四級樓梯，而在公演前一天把佈景拆掉再搭建。《劍雪》將此小故事呈現，把白雪仙的認真、執着表露無遺，而「香夭」一段，亦是滲入了新編的音樂、舞蹈。

這次重演的《劍雪》，加多了一場折子戲「九天玄女」。King Sir 解釋，是編劇杜國威為了滿足粵劇迷觀眾而設的，寶珠姐亦指出，「九天玄女」是任白眾多戲寶中較少演出的，大家不妨落足眼力看寶珠姐此次的演繹。

寶珠姐說鍾景輝今次對演員的要求高了。

**轉載自《經濟日報》，二〇〇五年三月十七日。**

# 陳寶珠人生另一境界 復出七年

黃慕茵

寶珠姐的親切友善毋庸置疑，不過，據以往的經驗，她接受訪問一句起兩句止，這次再見，她簡直判若兩人，談到自己的音樂會，由場地、選曲、形象，她都有一番見解；說到當母親，溫情中不失幽默感；這數年來的心路歷程，她也不吝嗇分享。當旁人急於追問她交男友、找第二春的時候，六十歲的寶珠姐已經在享受人生的第二個春天。

謙遜的寶珠姐，不忘將舉行音樂會的風頭、榮耀，全交給別人。她說，能夠成為第一個在亞洲國際博覽館舉行音樂會的藝人，是件很有紀念價值的事，而且是一種挑戰：「我想介紹一個新場地給大家，這次會開一萬二千個座位，形式、舞台設計跟我〇三年開的演唱會很不同。」

接受挑戰，是寶珠姐復出以來接job的宗旨。「不少人都說，能和中樂團合作，有八十五人樂隊伴奏，彷彿會去到另一境界，我也想感受一下那個境界。」

## 精益求精

寶珠姐自少習粵劇，父母也從事此門藝術，耳濡目染，自然最喜歡粵曲：「這次音樂會的中國文化氣息會重些，但仍會加入一些動感。」另一方面，她曾拍下二百多部的粵語片，其中歌舞片為數不少，所以呢，她也選了幾首六七十年代的首本名曲，加上新歌、國語流行曲、折子戲，寶珠迷一定樂不可支。

不論是玉女還是女殺手，「影迷公主」總是能歌擅舞，然而，寶珠姐也怕回看以前的電影，因為在急就章下，歌與舞都沒有足夠的準備。但現在，她可以精益求精：「除了找來上次的排舞師，我另外還跟印度老師學習舞蹈，唱慢歌時便有動作配合。」

「唱粵曲要咬字清晰，唱流行曲要浮浮吓、好soft，兩種唱法很不同，我唱慣粵曲，唱流行曲時總是很硬似的。」寶珠姐上次開演唱會前，專誠跟陳潔靈學唱歌，希望可以改變濃重的粵曲腔口：「但原來經過咪高峰，聽起來仍然硬繃繃！我希望這次會唱得好些。」

寶珠姐率先透露其選曲，慢的有〈絲絲淚〉，快的有〈蔓莉蔓莉〉，也會翻唱周璇的〈四季歌〉。而歌迷最關心的，一定是粵曲環節，寶珠姐所選的折子戲，都是任白戲寶，經過細心挑選，還請來尹飛燕合唱。

選〈庵遇〉，因為她從沒公開演唱；唱〈唐伯父點秋香〉，因為一九六八年新加坡登台後，舊調一直沒重彈；〈幽媾〉是情有獨鍾之外，還膾炙人口；至於〈折梅巧遇〉，則是去年（二〇〇五）在任劍輝逝世十五周年的演出中，大受fans讚賞的。「得選一些小曲多過梆簧（唸白）的，畢竟不是人人都喜歡看大戲。也聽說過，小曲其實易唱過梆簧！我想，觀眾還是最想看我唱粵曲，而且我沒試過一次過唱那麼多首。」

寶珠姐復出以來，工作以舞台劇為主，分別有一九九九年的《劍雪浮生》和二〇〇〇年的《煙雨紅船》，而《劍》更在去年（二〇〇五）重演，此外有二〇〇三年的演唱會。明顯地，她的工作集中在舞台上，而且每隔一年多就讓fans看到其表演。「就是因為做出

《陳寶珠與香港中樂團音樂會》，2006 年。

戲癮來，所以一直做。這工作量剛剛好，雖然只是一年一次，但已有好幾個月生活在緊張狀態。其實我沒有特定計劃，適合的便做，不過曾思前想後，還是推了演電視。」

「（演舞台劇）又緊張、又刺激，可直接收到反應。而且和其他人合作，有很多的交流。」寶珠姐最喜歡能從中學習，學到靈活變通、守紀律、人與人之間的相處：「那是種感覺，例如我們上台時需要簽到，很有紀律的，像上班，令我每天都很有期待的。」

大家都看出了寶珠姐復出後的充滿活力，當中的改變，她自己最明白不過。「以前我要照顧兒子，很怕出街應酬，生活圈子很小，連講句話也不流暢，說不出真正的感受，又不懂表達。再出來工作，見的人和事多了、體會多了，人自然會變，開心了，沒有那麼執着、不再收埋自己，整個人都放鬆了。連朋友也說，我好像得到了解脫，不再把自己鎖在一個框框內。」

音樂會上，寶珠姐會唱三首全新歌曲，並且會以古裝扮相現身。「幾首歌都是杜國威為明年的舞台劇而作，那是一個古裝 musical，我會唱很多歌呢！」但寶珠姐說，目前不能透露太多。但有一點肯定的是，她在劇中既反串男角，又演出女角：「現在最擔心自己演來不像個古裝女仔，我以往演的古裝大都是反串的！」

這次音樂會的形象顧問是和寶珠姐合作慣的奚仲文，他設定了紅和粉紅的主題色彩，配合新年氣氛：「他知道我的喜好，要簡簡單單，但亦會帶出我的另一面，好像之前他給我穿的貼身晚裝，便是我從來沒有過的女人味。這次我只兩個要求，不要太性感、不要把頸項露太多，我的頸太瘦太長了！」

**兒子經經**

寶珠姐提到家人，是因為看到記者手提電話上的貓照片，然後道出家有寵物的牽腸掛肚。難道寶珠姐都有養貓狗？「不，但我家有一個大『寵物』、一個細『寵物』；大的是我媽媽，小的是我兒子。」

另外，楊天經入行好幾年了，為母的認為他發展得太慢：「他需要有一個人幫助他，但正是欠了這個人，那不會是我，因我跟娛樂圈的關係不算很好。我對他的忠告是，想繼續便要勤力，這條路很長很艱辛，要知道怎樣走。」

**轉載自《經濟日報》，二〇〇六年一月十六日。**

# 自在平淡 與人為善——陳寶珠談做人核心價值

張綺霞

「陳寶珠來了！」這句在六七十年代教一眾影迷瘋狂的說話，今天還非常適用。最近她出席海港城的「香港血癌基金」聖誕籌款活動，一批上了年紀的影迷早早已在商場等候，一見芳蹤就一擁而上，熱情程度不亞於韓星的少女粉絲。只見寶珠姐微微頷首，逐個問候和合照，既高雅又親切，讓一眾影迷如得到糖果般眉開眼笑。

在六七十年代的電影中，陳寶珠總是以多變的形象出現，從書生、女俠、女殺手、玉女到工廠妹，其性格都是活潑正直，既可愛又豪邁，是當年許多少女心中的女神。現實中的寶珠姐，也同樣堅信與人為善是必要的處世之道。在她來說，生活所需的並不多，平凡平淡，已經足夠讓她快樂。

今年（二〇一四）六十七歲的陳寶珠，歲月在她身上的改變並不多，縱然時光在臉上留下了痕跡，氣質卻如紅酒，隨着年月變得更醇厚，舉手投足都散發着優雅的氣度。連續十三年為「香港血癌基金」的籌款作宣傳大使，最初有此機緣，只是當時擔任基金會主席的好友奚仲文所引介，而她也有一位好朋友患血癌離世，因此對於病者同情更深。

化療的過程痛苦，常常導致掉髮和嘔吐大作，「那時候我還不認識這個病，只看見朋友很辛苦，可以說是痛不欲生，有時更痛到叫出來，自己看到也很不舒服和難過，卻幫不了什麼，唯有不斷鼓勵，陪伴一起打仗。」擔任大使後，她曾多次探訪病者，給予鼓勵和支持，也特別為小朋友病者的處境心酸。

「他們不知道自己有病，在醫院裏追逐玩耍，然而父母為他們傷心擔憂，卻不敢表露，在面對他們的時候常強顏歡笑。」作為一個母親，她也感受到當中的心痛。「辛苦的不只是他們自己，也有他們的家人。有時候家人也與病人同樣辛苦，又要照顧，又要兼顧家頭細務，同時也要處理自己的不快樂，給病者支持和關懷。」說到這裏，她感嘆：「人有時的確很脆弱。疾病突然要來，你擋也擋不了。」因此信佛的她相信，做人最重要的是不執着，凡事看開。「豁達些是好的，不要只往一邊想，也多體諒別人。」

如今變得豁達的她，小時候卻是一個非常執着的人。九歲初演京劇嶄露鋒芒，由童星過渡到影星，差不多每套電影都賣座，從最初反串男生的戲曲和武俠電影，到「玉女」和「黑玫瑰」的青春歌舞片及時裝偵探片系列，共演出了二百多部電影，無論去到哪裏都大受歡迎，被影迷追捧，因而有「影迷公主」的稱號。到近年復出再做舞台劇和粵劇，一樣獲得好評，演藝路在旁人看來，都是一帆風順。但她自言小時候的道路極不平坦，「只是當中許多細節不為別人所知，但這也沒有必要說出。無論順利還是平淡，都過去了，而結果也是滿意的，這就已經足夠。這些年來上天都在告訴我，有時候只要忍退一步，事情就會容易做。」

小時候家裏環境不佳，因此從小就非常懂事。「知道要努力，不要讓人看小。」四歲時被名伶陳非儂及宮粉紅收養，養母對她影響尤深。「她是很惡的，我從小就很怕她，什麼也不敢跟她說。但她是外冷內熱，其實是很疼惜我的，只是不讓人依賴她，因此我的性格也變得倔強，知道要靠自己。她是很堅強，很捱得的人，就算那時候我們很窮，她依然很硬淨地擔起責任，我從她身上學到很多。」

「小時候我是很自卑的，我不是一開始就紅起來，而是一步一步走上去的，當中經歷了不少艱辛。」當時她時常被人欺負，卻不敢作聲，經常把不快樂藏起，偷偷地哭。而她也是個很「硬頸」的人，對很多事情都堅持和執着，不明白退一步的智慧。「但生氣了又如何，最後都會事過境遷，不如先將事情大事化小，小事化無。」

近年她頻頻獲慈善團體如心晴行動慈善基金、樂施會等邀請，擔任大使或出席籌款活動，也參加了不少慈善演出。「善事是一定參與的。」之前她都深居簡出，近年因為活躍於演出，因此慈善邀約一個接一個。「有適合的我都會做。」

凡事以分享為念，得到的往往比費盡心思追求來得多。她強調，最重要是不要把自己放大。「我一向都不是自我的人。」從對外待人接物，至與兒子媳婦的日常共同生活，都不因身份輩份而有隔膜，如朋友般平等地相處：「我們都沒有把自己放在中心。」在做人處事上最啟發她的，要數自己的師傅任劍輝。「她對每一個人都很和藹很真，對每一個後輩都很照顧和疼惜，完全沒有架子，因此每個徒弟看到她都好像糖黐豆般黐着她。從她身上，我學會了要對所有人一視同仁，不要對人分高低。」

在演藝圈多年，善事惡事都看過不少，她堅信「這個世界其實沒有什麼壞人」。「如果是惡的人，往往都是當下不知道，過後才了解，唯有處事更小心。但很幸運，我遇上的

陳寶珠與任劍輝。

人都是好的。」就算吃了虧，她認為那只是少數例子，依然覺得真心待人非常重要。

「經過了很多事情，加上身邊朋友和親戚突然離開，就明白做人放鬆些就好。什麼也不放在心上，一笑置之，沒有什麼是大不了的，才是最舒服的。」這是否代表不再執着要追求完美？「其實又怎會有完美，自己也有很多缺點，只是有時候自己也看不見。做人最重要的是對得住大家，對得住良心，有善心，對人也要真誠，不要虛假和敷衍，不要計較，才會有朋友，有人真心與你交往。」

陳寶珠一直維持簡單的生活，這或許可歸功於其母親的嚴格管教。當年她就算紅極一時，片酬收入高至上萬元，她也把錢全交予母親處理，只拿數百元零用錢。母親規定不可以到朋友家留宿、不可以跟男生交往，上街一定有人陪伴，就算與呂奇傳出緋聞，也不曾約會，五光十色的電影圈並沒有干擾其簡單的生活環境。

如今這種平淡生活風格一直沒有改變，她依舊愛好清淡食物，早睡早起，每天看看電視看看戲，「我很怕應酬，也盡量減少應酬，空閒時候打一兩場麻雀就會覺得很快樂。」她自嘲思想簡單，很怕處理複雜的事情，因此煩惱也不多。「煩的事情千萬不要跟我説。我會説，得啦得啦，求其啦求其啦。」自在平淡，正是她的養生之道。

近年再登上舞台演出，為她帶來不少壓力。她自小隨名伶粉菊花學北派武藝，並與梁醒波女兒梁寶珠合組劇團演粵劇，有一定根底。及後又拜名伶任劍輝為師，可是由於當時兩人都非常忙碌，真正學藝的時間並不多。近年她再次投身粵劇演出，笑言自己也要將勤補拙，「唯有多看，多學，多練習。正如做人都要勤力和腳踏實地，都是一樣的。」

「每一場戲都是挑戰，是很刺激的，每次演出時手都是冰冷的，接近完結時就有回溫度，因為驚怕已經過去了。但每次都死很多細胞，唯有不做的時候慢慢再長回去。（笑）」間中為之，已經讓她覺得很滿足。「最重要的是有一定的自由度選擇，也能與更多人接觸，不會讓自己好像消失了一般。」她笑了笑，輕輕說了一句：「但不知道能做到幾多歲。」

**轉載自《信報》，二〇一四年十二月九日。**

# 陳寶珠演出目錄

## 電影

**一九五八年**

《秦香蓮》
導演：莫康時　合演：芳艷芬、陳錦棠

**一九五九年**

《雨過天青》
導演：岳楓　合演：張揚、李湄

《童軍教練》
導演：陶秦　合演：梁醒波、翁木蘭

《雙孝子劈棺救母》
導演：陳焯生　合演：羅劍郎、吳君麗

**一九六〇年**

《教子逆君皇》
導演：羅志雄　合演：任劍輝、吳君麗

《雙孝女萬里尋親》
導演：陳焯生　合演：鄧碧雲、麥炳榮

《苦兒送米記》
導演：龍圖　合演：任劍輝、吳君麗

《怪俠赤屠龍》
導演：胡鵬、良鳴　合演：關德興、于素秋

《天山雙狐鬥屠龍》
導演：胡鵬、良鳴　合演：關德興、于素秋

《天倫鏡》
導演：珠璣　合演：任劍輝、吳君麗

《冷暖親情（上、下集）》
導演：黃岱　合演：羅劍郎、吳君麗

《娘子軍封王》
導演：胡鵬、良鳴　合演：陳錦棠、林丹

《天雷劈棺生鬼仔》
導演：陳焯生　合演：麥炳榮、鄧碧雲

《屠龍女三鬥粉金剛》
導演：胡鵬　合演：關德興、于素秋

《五兒哭墳》
導演：龍圖　合演：羅劍郎、羅艷卿

《人頭審皇帝》
導演：珠璣　合演：任劍輝、吳君麗

《金鏢黃天霸（上、下集）》
導演：凌雲、陳焯生　合演：羅劍郎、鄧碧雲

《亞福過年》

導演：吳回　合演：梁醒波、紫羅蓮

《五毒白骨鞭》

導演：王風　合演：蘇少棠、于素秋

《雙孝子月宮救母》

導演：陳焯生　合演：麥炳榮、鄧碧雲

## 一九六一年

《子母橋（上、下集）》

導演：珠璣　合演：胡楓、吳君麗

《活骷髏浴血五仙觀》

導演：王風　合演：于素秋、蘇少棠

《女飛俠紅姑》

導演：黃鶴聲　合演：新馬師曾、余麗珍

《天山龍鳳劍（上、下集）》

導演：王風　合演：蘇少棠、任燕

《游龍情俠》

導演：龍圖　合演：任劍輝、羅艷卿

《一劍九連環》

導演：王風　合演：曹達華、吳君麗

《追魂太極鏢》

導演：王風　合演：曹達華、吳君麗

《雌雄劍贖母報父仇》

導演：陳焯生　合演：鄧碧雲、林家聲

《冰山逢怨侶》

導演：蔣偉光　合演：林家聲、林鳳

《小俠白金龍》

導演：馮峰　合演：馮寶寶、鳳凰女

《女俠草上飛》

導演：陸邦　合演：羅劍郎、于素秋

《苗山白毛女（上、下集）》

導演：王風　合演：蘇少棠、于素秋

《崑崙七劍鬥五龍》

導演：胡鵬　合演：曹達華、于素秋

《寒江關》

導演：珠璣　合演：蘇少棠、羅艷卿

《百鳥朝凰》

導演：珠璣　合演：任劍輝、吳君麗

《梁紅玉血戰黃天蕩》

導演：馮志剛　合演：李鳳聲、于素秋

《十三歲封王》

導演：黃鶴聲　合演：麥炳榮、鳳凰女

《漢宮英烈傳》

導演：珠璣　合演：任劍輝、羅艷卿

《金鑾教子認生娘》

導演：陳焯生　合演：羅艷卿、麥炳榮

## 一九六二年

《斷橋產子》

導演：王風　合演：麥炳榮、于素秋

《孫悟空鬧龍宮》
導演：陳焯生　合演：區家聲、李香琴
《大戰泗洲城》
導演：黃鶴聲　合演：粉菊花、文蘭
《千里送皇姑》
導演：陳焯生、陸邦　合演：任劍輝、鄧碧雲
《秋香怨（上、下集）》
導演：龍圖　合演：羅劍郎、羅艷卿
《一笑傾城》
導演：黃鶴聲　合演：林鳳、林家聲
《龍虎風雲萬里紅》
導演：珠璣　合演：麥炳榮、譚倩紅
《火龍怒吞雙虎將》
導演：馮志剛　合演：李鳳聲、于素秋
《銀合太子乞食告御狀》
導演：珠璣　合演：任劍輝、余麗珍
《黃毛怪人》
導演：王風　合演：曹達華、于素秋
《白骨陰陽劍（上、下集）》
導演：凌雲　合演：曹達華、于素秋
《八大女俠鬧江湖（上、下集）》
導演：馮志剛　合演：鄧碧雲、任燕
《仙鶴神童救母斬蛟龍》
導演：陳焯生　合演：麥炳榮、鳳凰女
《仙鶴神針新傳（上集）》
導演：康毅　合演：曹達華、鳳凰女

## 一九六三年

《寶劍群英會》
導演：楊工良　合演：于素秋、林家聲
《火燒紅蓮寺（下集）》
導演：凌雲　合演：曹達華、于素秋
《清宮劍影錄（上、下集）》
導演：凌雲　合演：曹達華、于素秋
《仙鶴神針新傳（下集）》
導演：康毅　合演：曹達華、鳳凰女
《黑蜈蚣》
導演：楊工良　合演：曹達華、于素秋
《血滴龍鳳杯》
導演：龍圖　合演：任劍輝、吳君麗
《為郎頭斷也心甜》
導演：羅志雄　合演：任劍輝、吳君麗
《龍虎下江南（上、下集）》
導演：康毅　合演：曹達華、于素秋
《八仙鬧東海》
導演：羅志雄　合演：林鳳、張英才
《劍神傳》
導演：凌雲　合演：羅劍郎、于素秋

《白骨陰陽劍（三、四集）》
導演：凌雲　合演：曹達華、于素秋
《仙鶴魔龍》
導演：黃鶴聲　合演：林鳳、黃超武
《劍俠金縷衣（上、下集）》
導演：康毅　合演：曹達華、于素秋
《碧血金釵（上、下集）》
導演：陳烈品　合演：張英才、陳好逑
《紅線女夜盜寶盒》
導演：胡鵬　合演：蕭芳芳、曹達華
《一后三王》
導演：陳烈品　合演：雪妮、張英才
《八表雄風》
導演：凌雲　合演：于素秋、羅劍郎
《烽火恩仇十六年》
導演：馮志剛　合演：任劍輝、羅艷卿
《雷電天仙劍》
導演：凌雲　合演：曹達華、于素秋
《一劍震江湖》
導演：康毅　合演：林家聲、陳好逑

**一九六四年**

《白骨離魂針（上、下集）》
導演：楊工良　合演：于素秋、林家聲
《碧血金釵（三、四集）》
導演：陳烈品　合演：張英才、陳好逑
《神俠鬧江南》
導演：黃鶴聲　合演：曹達華、于素秋
《萬變飛狐》
導演：蔡昌、蕭笙　合演：于素秋、張英才
《香城艷屍》
導演：吳回　合演：南紅、江漢
《陣陣美人威》
導演：黃鶴聲　合演：于素秋、鳳凰女
《龍虎震江南（上、下集）》
導演：康毅　合演：曹達華、于素秋
《雪花神劍（共四集）》
導演：陳烈品　合演：雪妮、張英才
《武當飛鳳（上、下集）》
導演：李化　合演：張英才、石堅
《神龍五虎將》
導演：羅熾　合演：張英才、張儀
《情海幽蘭》
導演：楚原　合演：南紅、胡楓
《孫悟空七打九尾狐》
導演：黃鶴聲　合演：于素秋、蕭芳芳
《滿堂吉慶》
導演：吳回　合演：集體

## 一九六五年

《武林聖火令（上、下集）》
導演：蕭笙　合演：林家聲、陳好逑

《八荒英雄傳（上、下集）》
導演：俞亮　合演：曹達華、林鳳

《千手神拳（上、下集）》
導演：珠璣　合演：曹達華、歐嘉慧

《黑玫瑰》
導演：楚原　合演：謝賢、南紅

《南北雙雄》
導演：凌雲　合演：林家聲、于素秋

《天火爐》
導演：凌雲　合演：曹達華、南紅

《六指琴魔（共三集）》
導演：陳烈品　合演：江文聲、李居安

《哪吒三戲紅孩兒》
導演：蕭笙、康毅　合演：余麗珍、李寶瑩

《真假濟公》
導演：蔣偉光　合演：新馬師曾、李寶瑩

《紫電神風劍》
導演：江夏、陳國華　合演：曹達華、于素秋

《萬里追蹤》
導演：吳回　合演：張瑛、南紅

《孫悟空七門八大仙》
導演：黃鶴聲　合演：于素秋、蕭芳芳

《鐵劍朱痕（上、下集）》
導演：胡鵬　合演：張英才、蕭芳芳

《倚天屠龍記（三、四集）》
導演：楊工良　合演：林家聲、陳好逑

《玉面閻羅（上、下集）》
導演：蕭笙　合演：蕭芳芳、李紅

《老夫子》
導演：陳烈品　合演：張清、雪妮

《簫聲震武林（上、下集）》
導演：黃鶴聲　合演：于素秋、張英才

《如來神掌怒碎萬劍門》
導演：凌雲　合演：曹達華、于素秋

《濟公捉妖》
導演：黃鶴聲　合演：新馬師曾、蕭芳芳

《孫悟空三戲百花仙》
導演：黃鶴聲　合演：蕭芳芳、李紅

《魔穴神娃（上、下集）》
導演：胡鵬　合演：曹達華、于素秋

《玉女英魂（上、下集）》
導演：陳烈品　合演：曾江、薛家燕

《無敵天書（上、下集）》
導演：吳天池　合演：于素秋、張英才

《濟公大鬧公堂》
導演：黃鶴聲　合演：新馬師曾、蕭芳芳

《無字天書》
導演：陳烈品　合演：李居安、張清

一九六六年

《一劍情》
導演：凌雲　合演：江漢、南紅
《玉女含冤》
導演：陳雲　合演：胡楓、麥基
《碧落紅塵（共三集）》
導演：凌雲　合演：張英才、蕭芳芳
《觀世音三服紅孩兒》
導演：康毅　合演：林鳳、鄭碧影
《黑玫瑰與黑玫瑰》
導演：楚原　合演：謝賢、南紅
《七彩胡不歸》
導演：李鐵　合演：蕭芳芳、薛家燕
《萬劫門（上、下集）》
導演：蕭笙　合演：蕭芳芳、李紅
《聖火雄風（上、下集）》
導演：蕭笙　合演：蕭芳芳、李紅
《影迷公主》
導演：黃堯　合演：呂奇、姜中平
《中原奇俠》
導演：蔡昌、蕭笙　合演：于素秋、張英才
《金鼎游龍》
導演：陳烈品　合演：羅愛嫦、張清
《女殺手》
導演：莫康時　合演：南紅、周驄
《孫悟空大戰群妖》
導演：黃鶴聲　合演：蕭芳芳、李紅
《彩色青春》
導演：余河　合演：胡楓、蕭芳芳
《玉女追兇》
導演：羅熾　合演：周驄、麥基
《鐵血恩仇錄（上、下集）》
導演：王風　合演：蕭芳芳、于素秋
《通緝令》
導演：劉丹青、何海琪　合演：胡楓、林蛟
《金鼎游龍勾魂令》
導演：陳烈品　合演：張清、李居安
《女賊黑野貓》
導演：蔣偉光　合演：胡楓、方心
《劫火紅蓮（上、下集）》
導演：凌雲　合演：蕭芳芳、李居安
《雙鳳旗（上、下集）》
導演：凌雲　合演：蕭芳芳、石堅
《莫忘今宵》
導演：黃堯　合演：呂奇、何沖

《姑娘十八一朵花》
導演：黃堯　合演：呂奇、薛家燕
《荳蔻干戈（上、下集）》
導演：凌雲　合演：蕭芳芳、李香琴
《第一號女探員》
導演：龍圖　合演：呂奇、張儀
《觀音得道、香花山大賀壽》
導演：黃鶴聲　合演：任劍輝、白雪仙
《孝女珠珠》
導演：秦晚濤　合演：林家聲、高明
《女殺手虎穴救孤兒》
導演：莫康時　合演：周聰、譚炳文

**一九六七年**

《玉郎三戲女將軍》
導演：蕭笙　合演：蕭芳芳、靚次伯
《聖火雄風大破火蓮陣》
導演：蕭笙　合演：蕭芳芳、李紅
《玉女金剛》
導演：盧雨岐　合演：呂奇、方心
《七公主（上、下集）》
導演：凌雲　合演：蕭芳芳、薛家燕
《黑煞星》
導演：蔣偉光　合演：石堅、鄭少秋
《女鐵膽》
導演：凌雲　合演：朱江、玫瑰女
《長髮姑娘》
導演：佘河　合演：林家聲、姜中平
《女探黑天鵝》
導演：凌雲　合演：張清、白瑛
《花月佳期》
導演：黃堯　合演：呂奇、張儀
《七彩封神榜》
導演：蕭笙　合演：蕭芳芳、李紅
《大師姐》
導演：陳烈品　合演：曾江、羅愛嫦
《風流才子俏丫環》
導演：黃鶴聲　合演：吳君麗、蘇少棠
《玉女相思》
導演：陸邦　合演：胡楓、李紅
《小媳婦》
導演：莫康時　合演：張清、曾江
《空中女殺手》
導演：莫康時　合演：譚炳文、方心
《死亡通行證》
導演：楚原　合演：張儀、梁醒波

《迷人小鳥》
導演：黃堯　合演：呂奇、張清
《女賊金燕子》
導演：蔣偉光　合演：曾江、石堅
《貓眼女郎》
導演：羅熾　合演：曾江、石堅
《玉女飛龍》
導演：張文　合演：吳君麗、胡楓
《旺財嫂》
導演：凌雲、石致斌　合演：張清、曾江
《黑野貓霸海揚威》
導演：蔣偉光　合演：胡楓、李紅
《女金剛大戰獨眼龍》
導演：凌雲　合演：張清、玫瑰女
《玉女的秘密》
導演：蕭笙　合演：曾江、杜平
《漁港恩仇》
導演：陳烈品　合演：曾江、羅愛嫦
《紅衣少女》
導演：何建業　合演：周驄、孟莉
《情竇初開》
導演：莫康時　合演：呂奇、譚炳文
《黑白飛天貓》
導演：龍圖　合演：曾江、方玲玉
《莫負青春》
導演：吳丹　合演：呂奇、譚炳文
《天劍絕刀（上集）》
導演：陳烈品　合演：曾江、雪妮
《金色聖誕夜》
導演：秦晚濤　合演：呂奇、高明
《無敵女殺手》
導演：莫康時　合演：呂奇、譚炳文

## 一九六八年

《青春玫瑰》
導演：蔣偉光　合演：胡楓、鄭少秋
《玉女癡情》
導演：楚原　合演：胡楓、張清
《梅蘭菊竹》
導演：黃堯　合演：呂奇、薛家燕
《狄青三取珍珠旗》
導演：珠璣　合演：李居安、新海泉
《樊梨花》
導演：馮志剛　合演：羽佳、譚蘭卿
《再世紅梅記》
導演：黃鶴聲　合演：南紅、梁醒波
《玉樓三鳳》
導演：吳丹　合演：雪妮、胡楓

《血影紅燈》
導演：王風　合演：鄭少秋、薛家燕
《多情妙賊》
導演：陸邦　合演：張清、曾江
《給我一個吻》
導演：黃堯　合演：呂奇、夏萍
《玉女心》
導演：陳烈品　合演：呂奇、陳非儂
《玉女添丁》
導演：楚原　合演：呂奇、方心
《春光無限好》
導演：吳丹　合演：呂奇、王天麗
《愛他、想他、恨她》
導演：黃堯　合演：呂奇、張清
《天劍絕刀（下集）》
導演：陳烈品　合演：曾江、雪妮
《紅鸞星動》
導演：何建業　合演：呂奇、馮寶寶
《紅葉戀》
導演：吳丹　合演：呂奇、王天麗
《天狼寨》
導演：凌雲　合演：曾江、雪妮
《霧美人》
導演：秦晚濤　合演：呂奇、薛家燕

**一九六九年**

《蔓莉蔓莉我愛你》
導演：呂奇　合演：呂奇、馮淬帆
《娘惹之戀》
導演：呂奇　合演：呂奇、陳良忠
《艷俠紅玫瑰》
導演：凌雲　合演：曾江、方心
《神貓》
導演：黃堯　合演：呂奇、薛家燕
《七彩姑娘十八一朵花》
導演：黃堯　合演：曾江、張清
《玉女劍》
導演：陳烈品　合演：曾江、陳好逑
《江湖第一劍》
導演：凌雲　合演：曹達華、林錦堂
《成家立室》
導演：集體　合演：集體
《銅皮鐵骨》
導演：凌雲　合演：呂奇、石堅
《相思甜如蜜》
導演：陸邦　合演：曾江、張清
《郎如春日風》
導演：呂奇　合演：呂奇、宮粉紅

**一九七〇年**

《三殺手》
導演：陳烈品　合演：薛家燕、陳好逑

《飛鳳狂龍》
導演：凌雲　合演：曾江、秦沛

《不敢回家的少女》
導演：楊權　合演：薛家燕、曾江

《總有一天捉到你》
導演：陳烈品　合演：薛家燕、曾江

《嫁衣》
導演：劉達　合演：胡楓、曾江

《神探一號》
導演：曹達華　合演：曹達華、狄娜

《我永遠記着你》
導演：楊權　合演：胡楓、曾江

**一九七二年**

《壁虎》
導演：楚原　合演：岳華、羅烈

## 舞台

**一九六一年**

《白蛇新傳》
地點：利舞臺、普慶戲院

**一九七二年**

《玉郎寶劍定江山》
地點：新舞台戲院

《楊門胭脂將》
地點：新舞台戲院

**一九九九年**

《劍雪浮生》
地點：香港演藝學院、沙田大會堂、屯門大會堂

**二〇〇〇—二〇〇一年**

《煙雨紅船》
地點：香港演藝學院

**二〇〇五年**

《劍雪浮生（重演）》
地點：香港演藝學院、澳門文化中心、新加坡濱海藝術中心

**二〇〇六年**

《天之驕子》
地點：香港演藝學院、沙田大會堂、澳門文化中心

**二〇〇九年**

《我愛萬人迷》
地點：香港演藝學院

**二〇一〇年**

《俏・柳・紅・梅粵劇折子戲》
地點：紅磡體育館、澳門金光綜藝館

**二〇一二年**

《紅樓夢》

地點：香港文化中心大劇院、澳門文化中心

**二〇一四年**

《再世紅梅記》

地點：香港文化中心大劇院、香港演藝學院

**二〇一六年**

《牡丹亭驚夢》

地點：香港演藝學院

## 演唱會

**二〇〇三年**

《陳寶珠嚟喇演唱會》

地點：紅磡體育館

**二〇〇六年**

《陳寶珠與香港中樂團音樂會》

地點：亞洲國際博覽館

**二〇一一年**

《陳寶珠來了二〇一一演唱會》

地點：新加坡聖淘沙名勝世界會議中心

## 籌款演出

**二〇〇四年**

《重按霓裳歌遍徹籌款晚會》

地點：香港文化中心大劇院

**二〇〇五年**

《八和愛心獻南亞》

地點：香港文化中心大劇院

**二〇〇八年**

《八和同心暖四川》

地點：新光戲院

《有心有情粵曲慈善晚會》

地點：新光戲院

《歡樂滿東華二〇〇八》

地點：將軍澳電視廣播城

**二〇一一年**

《香港脊髓損傷基金籌款晚會：燃點希望展新生》

地點：亞洲電視大埔總台

**二〇一二年**

《香港八和會館二〇一二籌款演出》

地點：香港文化中心大劇院

**二〇一三年**

《中文大學五十周年殿堂演藝之夜籌款晚會》

地點：香港會議展覽中心

本著作扣除必要開支，所有版稅將全數捐給香港血癌基金。

責任編輯　寧礎鋒
書籍設計　姚國豪
書　　名　愛她想她寫她
主　　編　鄭政恆

出　　版　三聯書店（香港）有限公司
香港北角英皇道四九九號北角工業大廈二十樓
JOINT PUBLISHING (H.K.) CO., LTD.
20/F., North Point Industrial Building,
499 King's Road, North Point, Hong Kong
香港發行　香港聯合書刊物流有限公司
香港新界大埔汀麗路三十六號三字樓
印　　刷　美雅印刷製本有限公司
香港九龍觀塘榮業街六號四樓A室
版　　次　二〇一六年十二月香港第一版第一次印刷
規　　格　十六開（170mm × 230mm）二五六面
國際書號　ISBN 978-962-04-4095-3（套裝）

鳴謝信報財經新聞有限公司惠允轉載（編號 2016DEC12001）

三聯書店
http://jointpublishing.com

JPBooks.Plus
http://jpbooks.plus